U0299214

专家书评

想当年，为了写好介绍用户故事的那本书，我参考了之前十年最畅销的前 10 本需求相关书籍。卡尔的这本新书简明扼要，提供的信息很有用，远远超过了我当年参考的十本书。如果时光可以倒流，我真希望自己当时能有这本书作为参考。

——迈克·科恩（Mike Cohn）Scrum 联盟联合创始人
代表作有《敏捷软件开发：用户故事实战》和《Scrum 敏捷软件开发》

钻石是大量碳原子在地底深处极端的高温高压条件下形成的。卡尔和坎黛西做的事情也和这个差不多：他俩把大量需求相关知识压缩成 20 颗宝石——他们称之为"核心实践"。这 20 个实践是需求发现的精髓。而且，为了更方便读者，他俩还对这些实践进行了分类，旨在使大家的需求之旅效率更高。工欲善其事必先利其器，我建议大家把这些强大的实践收入自己的需求武器库。

——詹姆斯·罗伯逊（James Robertson）
代表作有《掌握需求过程》和《商业分析敏捷力》

不管是新人，还是经验丰富的商业分析师，这本书对他们而言，都是一个宝藏。对于重要的需求实践，他们希望能够有一个容易理解、简明扼要以及精心组织过的说明。卡尔和坎黛西做得很好，他们把 BA 这个复杂的角色拆分为一套通俗易懂的实践，可以整合到需求过程中，使其更加高效。

——劳拉·布兰德伯格（Laura Brandenburg）
代表作有《如何成为商业分析师》

在有效征询、确定、表示、沟通和确认软件产品需求方面，坎黛西和卡尔积累了丰富的经验，因而在此基础上写了这本有用、好用而且通俗易懂的书籍。针对实际构建软件产品中遇到的难题，书中提供了实用的建议、精彩的例子以及相应的解决方案。无论以什么身份参与软件开发，这本书都能为您提供指导，确保您开发的产品可以满足客户的需要并交付真正的价值。

——沙恩·哈斯蒂（Shane Hastie）

SoftEd 全球交付负责人以及 InfoQ.com 文化与方法主编

本书可以作为自己的藏书，是一个很有价值的补充。我之所以给这本书打高分，是因为它遴选并全面涵盖团队需要考虑的最基本的需求实践。我很欣赏这本书，它的内容一点儿都不超纲。内容简明扼要，还保持了极强的实用性。无论使用瀑布式、敏捷式还是混合式交付，都可以从本书中找到非常贴心的指导。我相信，任何希望改善需求实践的读者，都能从中找到足以使自己跃跃欲试的好建议。

——劳拉·巴顿（Laura Paton）

BA Academy 首席咨询专家

这是所有业务分析师的案头参考。作为一本很容易理解的参考书，它荟萃了该领域中应用了近 50 年的最佳实践。虽然这本书针对的是有一定经验的商业分析师，但卡尔和坎黛西在本书开头非常贴心地回顾了 BA 基本概念和原则。本书以卡尔独特的风格写成，因而即便是新手，也能理解和应用这些实践。卡尔和坎黛西使这本书变得"敏捷"，因为书中很多实践既适用于传统的 BA，也适用于为敏捷软件开发人员定义用户故事的BA。这本书融合了卡尔多年来为我们提供的好的建议和出色的指导，成为我们 BA 的权威指南。我希望自己也能写一本这样的书。

——史蒂夫·布莱斯（Steve Blais）

代表作有《商业分析师：走向成功的最佳实践》和《商业分析指南》

在卡尔最近这本新书中，我们尤其喜欢他所描述的需求技术的普适性。借助于真实的例子和容易理解的示意图，卡尔和坎黛西描述了广泛适用于大多数项目或开发方法的实践。他们强调，需求的征询和管理并非只有一种正确的方法；他们指出，许多已通过验证的实践都能促成项目的成功。另外，书中提出的几十个问题也很有用，业务分析师可以提出这些问题来征询各种类型的需求。作者强调的是概念而不是特定方法论中的术语，如此一来，即使方法论发生改变，仍然可以保证这些需求实践可以得到充分的理解和应用。书中反复出现的主题非常贴切，适用于大多数开发工作。作为业务分析师，如果想要避免"项目成功但产品失败"的困境，就不要错过这本书。

——拉森夫妇（Elizabeth Larson 和 Richard Larson）
Watermark Learning 前合伙人，代表作有《CBAP 认证学习指南》

相当多的产品开发项目之所以面临挑战，都是因为需求定义不到位。这个问题可以由 BA 或任何做业务分析的人来解决，只要他们拥有必要的技术和技能工具箱。本书以易于理解和引人入胜的方式，对需求工程框架及其包含的技术进行了出色的介绍。本书通过 20 个最佳实践为读者提供了宝贵的指导和见解。对每一个致力于界定需求的人来说，这些实践非常重要，甚至是必不可少的。所有业务分析师都应该有一个需求定义服务的思维框架，本书不只是提供了思维框架，还提供了更多东西。

——黛博拉·保罗（Debra Paul）博士
英国雷丁大学亨利商学院访问研究员，AssistKD 常务董事

高质量需求

聚焦于商业价值的20个核心实践

[美] **卡尔·魏格斯**　　**坎黛西·霍坎森** / 著　　**方达** / 译
（Karl Wiegers）　　（Candase Hokanson）

清华大学出版社

北京

内容简介

本书从软件需求领域中萃取出 20 个核心的实践，覆盖需求过程六大环节：需求的计划、启发、分析、规范、验证和管理。本书可以帮助团队在短时间内了解和发现更精准的需求，通过充分的沟通和协作来得到更好的解决方案，以更有利于实现持续价值交付的顺序实现更有价值的功能，让业务得以持续和增长。

本书尤其适合商业分析师、需求工程师、产品经理、产品负责人和开发人员阅读和参考，可以帮助他们合力打造出可持续增长的业务。

北京市版权局著作权合同登记号 图字：01-2023-3842

图书在版编目 (CIP) 数据

高质量需求：聚焦于商业价值的 20 个核心实践 / (美) 卡尔·魏格斯 (Karl Wiegers)，(美) 坎黛西·霍坎森 (Candase Hokanson) 著；方达译 . -- 北京：清华大学出版社，2025. 1.
ISBN 978-7-302-68085-7
　Ⅰ . F713.51
中国国家版本馆 CIP 数据核字第 2025Z44L06 号

责任编辑：文开琪
封面设计：李　坤
责任校对：方　婷
责任印制：丛怀宇

出版发行：清华大学出版社
网　　　址：https://www.tup.com.cn，https://www.wqxuetang.com
地　　　址：北京清华大学学研大厦 A 座　　　　　邮　　编：100084
社 总 机：010-83470000　　　　　　　　　　邮　　购：010-62786544
投稿与读者服务：010-62776969，c-service@tup.tsinghua.edu.cn
质 量 反 馈：010-62772015，zhiliang@tup.tsinghua.edu.cn
印 装 者：涿州汇美亿浓印刷有限公司
经　　销：全国新华书店
开　　本：185mm×210mm　　　印　　张：$9\frac{5}{6}$　　字　　数：311 千字
版　　次：2025 年 2 月第 1 版　　　印　　次：2025 年 2 月第 1 次印刷
定　　价：108.00 元

产品编号：101735-01

一如既往，献给我的克里斯

——K. W.

献给彼得和爱德华

——C. H.

推荐序 1: 谜底？谜面

"问渠哪得清如许，为有源头活水来。"

在半亩方塘边看书的朱熹，兴之所至，忽见池面如镜，映照着天光云影。究其原因，池塘原本并非一潭死水，而是常有活水注入。于是，他创作了两首诗，题为《观书有感》，上述名句出自其中第一首。

如果我们把池塘比作某种产品，天光云影便是产品的诸多功能，那么这滋养产品的源头活水，就必然是高质量的需求了。一路行来，BA 引领着需求，经历了启发、分析、规范、验证，可谓历经九九八十一难之后，需求最终修成正果——一份高质量的软件需求规格说明书。至此，BA 的工作也算是告一段落，可以功成身退了。

然而，一切是否真的如此美好？

聚焦于软件需求的书籍不少，为什么我们非要读卡尔这本呢？谜底就在谜面上，原书书名中的 essential 就是"精要"的意思，"精"是精炼，"要"是必要，副标题更绝，意思是"BA 那些事儿的最小完备集合，缺少本书任何一个实践，可能会影响到需求的质量，最终得不到"清如许"的需求。

大多数讲需求的书，基本上遵循经典的需求全生命周期管理框架，都从需求启发或者需求收集讲起，然后到分析、规范、验证，辅以需求工程（需求变更管理）。这个经典框架有什么问题吗？在我看来，当然有。

这就如同《西游记》，如果开篇就写玄奘法师在取经路上被老虎吃掉坐骑，惊吓之余，偶遇五指山下的千年石猴。猴子说："揭掉山上的黄纸符，我就拜你为师，保你取经路上一路无虞。"如果《西游记》这样铺陈故事情节，你肯定会问："猴子为什么要保唐僧取经？猴子有什么本事保护唐僧？唐僧又为什么要相信猴子？……"

写需求的书也一样，如果一上来就讲客户有个需求，作为 BA 该如何记录和如何分析，这难道不奇怪吗？卡尔这本书，不是从五指山讲起，而是帮助我们"欲知造化会元功"的《西游释厄传》。谈到需求，BA 还未进场的时候，客户往往就已经左思右想、加班加点地思考需求了。BA 进场后，客户就像找到了失散多年的亲人，拉着 BA 没完没了地讲自己想要这个想要那个。作为 BA，卡尔提醒你，今日不宜止步于搜集需求，而宜"动土开沟"——为客户需求"筑基"。这是本书第 2 章的主题，其中 5 个实践就是用来为需求打底的。

我们来看看这 5 个实践：

实践 #1：三思而后行，谋定而后动

实践 #2：定义业务目标

实践 #3：定义解决方案的边界

实践 #4：识别和描述利益相关方

实践 #5：确定有决策权的人

大家发现了什么？这 5 个实践中，没有一个提到需求，但哪一个离得开需求呢？更确切的说法是，需求离不开这些实践，高质量需求更离不开。它们是需求这位"明星"的道具、制片、化妆、导演……这些都到位，好戏才可以开始上演。对此，其他讲需求的书要么驻足不前，要么浅尝辄止，唯独卡尔的书，在这里浓墨重彩，唱念做打，精彩纷呈。举例来说，在收集需求之前，卡尔建议 BA 同学先请客户组织为每类需求指定代表人和验收人。他建议 BA 和客户确认三件事：第一，这位代表人是否能代表他们提出需求？很多 BA 其实也会自发地这样做；第二，是否能代表他们为需求排序？如果不行，请客户先商定一个需求排序方法或决策机制。很多 BA 都因为事前忽略这一点而导致后期深受其害。第三，请每组利益相关方指定一位需求验收人。到此，大家是否感受到了专业 BA 深厚的功底？

很多 BA 都为需求确认而苦恼不堪，都有这样心酸的故事：等你加班加点把需求整理成册之后，那个当初拉着你的手和你有话说（需求）不完的客户忽然告诉你，这些需求他无法确认，因为他没有拿到所有人的授权，所以请你拿着需求和他背后的那些影子人一一确认，而你，无辜的你，这个时候才大彻大悟，自己面对的并不是"一个"人，也不是一个"人"？

书中第 3 章至第 7 章，卡尔用 15 个实践把 BA 过程阐述得很透彻，哪里是坑，哪里是坡，哪里宜快，哪里且慢。他从用了几十年的大背包中精心挑选出 20 颗钻石，慎重地装入一个锦囊，锦囊的标签上写着"高质量需求"，略加思索，他又补了一行小字，"聚焦于商业价值的 20 个核心实践"。然后，他微微一笑，把锦囊轻轻地交到我们手中。

合上书，我们攥紧卡尔的锦囊，勇气和底气油然而生，正如《观书有感·其二》所言："昨夜江边春水生，艨艟巨舰一毛轻。向来枉费推移力，此日中流自在行。"BA 这些事儿，如果能够做到高质量，岂不是进入了"中流自在行"的境界？

——南方，DevOps 社区理事及规模化敏捷 SAFE SPC 及智能制造专家

推荐序 2: 既要又要以及还要? 安排

我们高质量团队花了近一个月的时间首次读完了英文版《高质量需求》。我领读的是第 1 章、第 2 章以及 4.4 节介绍的实践 13: 需求优先级排序。

果不其然,无论东方还是西方,无论肤色是黄还是白,只要是做开发,都不得不面对这个挑战:面对组织的既要又要还要,如何对优先级进行排序,尤其是在资源总是有限的业务场景下。好的 BA 会怎么做?

在面对哪些必须做、哪些可以做以及哪些可以忽略等问题的时候,我们往往可以采取两步走的策略,第一步是做准做精,第二步是复用迭代。然后,结合相对论与动态论的原理,拟定重磅问题清单。

好的医生,不能只是看病,还需要治病。同理,好的 BA 也会开处方! 243 便是他们的秘密武器: 2 个维度、4 个步骤和 3 个方法。吵架? 比嗓门大? 比薪水高? 嗨! 不存在的, 243 一抛,共识就这样得了。

顺便絮叨一下,在遇见《高质量需求》之前,我经常听人说:需求就像速冻饺子,开袋下锅,分分钟出锅即食。需求的收集,是不是真的也这么容易? 在看完这本书之后,我的心境发生了明显的变化,对产品和需求相关从业者的敬意油然而生:需求和研发一样,也是工程,一个有生命周期的工程过程,它发端于界定业务问题,经历启发(征询)、挖掘、分析,实施、验证,最后形成精准的、可迭代的、可复用的高质量需求。

需求领域和开发领域一样,也是一个系统工程,从业者必须是手艺人,需求在经过反复澄清和迭代打磨之后,点石成金。这本书呈现的 20 个实践,带领我们从需求开发到需求管理,就像带着我们参观从无到有的整个需求过程。

如果你是需求相关从业者,可以把这本书当作进阶指南,经常性地反思自己有没有直接在问题中预设解决方案? 每次遇到需求相关问题时,可以用哪些相关的实践？可以从哪些维度提升个人的专业能力？书中哪些重磅问题可以拿来查漏补缺？

如果你是开发相关从业者，可以把这本书当作 BA 对开发的"告白"，有的团队可能没有 BA/PO 等需求相关的岗位，但一定有人在做需求开发。没有完美的个人，只有完美的团队，没有最好，只有最合适，如果你遇见一个还不错的 BA，那就牵好手，双向奔赴！

如果你是工具平台相关从业者，可以把这本书当作避坑指南，在构建需求管理工具之前，产品负责人 / 业务分析师（PO/BA）是否已经具备需求开发的能力？需求管理平台解决的是什么问题？能否解决相关人员缺失需求开发能力的问题？

作为高质量乘风破浪团队的成员，我邀请大家带着下面几个问题看这本书，去收获自己的彩蛋：

- 书中提供大量的模板，这些模板是旗舰版还是豪华版？工作中如何采纳？
- 书中每个实践后面都有关联实践和行动建议，作者为什么这样设计？
- 如果把书中的重磅问题作为需求基线的检查清单，适用于哪些场景？
- 看完本书，对需求的深（需求层级）与宽（生命周期）有了哪些不同的见解？
- 作者为什么没有在这本书中引入 DDD 的相关实践？
- 看完这本书，能做出高质量需求了吗？

身处"软件吞噬世界"的当下，我们手艺人不仅能搞定软件工程，还需要掌握需求工程。最后，建议大家在阅读本书的时候，放慢放轻松，因为在看完这本书之后，你或许会和我一样，并不只是认知得到了显著的拉伸。

——伍雪锋，《非凡敏捷》推荐官、"八戒跑四方"公众号主理人以及成长中的教练

推荐序 3：破解需求问题的金钥匙

大多数项目普遍存在需求问题，无论在国内还是在国外。2014 年，Standish Group（美国专门跟踪 IT 项目成败的权威机构）对 23 000 个项目的进行了一项研究，结果表明：28% 的项目彻底失败，46% 的项目超出经费预算或者超出工期，只有约 26% 的项目获得成功。在这些高达 74% 的不成功项目中，有约 60% 的项目失败源于需求问题。也就是说，近 45% 的项目因为需求问题而功败垂成。然而，2024 年了，这样的状况有得到根本性的扭转吗？

国内 IT 项目需求问题的挑战同样突出，需求蔓延及需求变更往往成为拖垮项目的最后一根稻草。面对排除客户不合理要求后造成的需求蔓延，需要我们具备需求收集和需求分析技能，这的确是很多需求分析人员和行业咨询顾问的短板。因为需求这个领域可深可浅，一开始并不容易发现问题。看似需求模板已经很完备，但收集到的却仍然可能是假需求，这跟咨询顾问本身的能力及其是否真的理解需求本质有关。

造成需求缺失问题的原因很多：缺乏客户业务背景知识而导致隐含需求未被发现；对客户的需求只停留在表面而未能挖掘出真实的原因；对客户使用场景获取不全；同理心缺乏且未设身处地站在客户角度考虑问题，等等。

那么什么是客户真正的需求？高质量的需求应该从哪里着手？有没有一套简单易行的方法论或者模板可以指引我们呢？这本《高质量需求》正是我们期待的金钥匙。作者卡尔将需求工作拆分为需求获取、需求分析、需求规范、需求确认和需求管理等阶段，并对每个阶段涉及的相关实践进行了总结，书中一共总结了 20 个核心实践，清晰列出了每个核心实践涉及的技术、方法以及关联的其他实践等。作者的表达高度精炼，通俗易懂，使人很容易理解和掌握。

这里选取需求获取实践做一个简单的说明。在获取需求的实践中，作者卡尔首先指出用例是获取需求的方法，然后给出用例的模板。卡尔清楚地阐述了用户故事、功能特性和史诗故事跟场景和用例之间的关系，让我们找到了需求获取的抓手——从业务场景出发，了解场景中涉及的参与者、系统的正常流程、异常流程、例外情况、业务规则、系统反馈等。清晰分析后得到用例，就相当于抓住了需求。

用户故事正是从应用场景中产生的。作者在需求的抽象层次上也给出说明，按来源和实质形成这样的需求层级：验收标准—用户故事—用例—功能/特性—史诗故事。这种剖析业务本质的表达方式，我还是第一次看到。试想，如果只是收集各种用户故事，可能导致我们无法判断客户需求是否收集完备。只有将各个场景对应的用例梳理清楚，我们才能做出较为准确的判断。与客户核对和确认各种应用场景，以此来确定是否存在偏差，也不失为一种简便有效的方式。这样一来，用例就不只是需求的入口，更是一种需求完备性检查工具。用例收集完备了，需求自然水到渠成。当然，非功能需求还需要配合其他的方法，这里不再赘述。

用例作为需求分析和系统设计的工具，并不是一个全新的概念。很多书籍很早就在提，如业务用例和系统用例等。国内有明云软件股份公司的董事谭云杰先生在其著作《大象》中，也专门用 UML 方法来剖析用例。但在很多情况下，UML 作为需求分析工具，很少用于需求获取和收集阶段。看起来，我们现在需要前置 UML 的使用。UML 面向对象的思路，尤其适用于业务复杂且流程多变的大型系统。如果止步于过程，我们可能无法穷举各种可能的情况。我们需要更新原有的思维方式，来适应当下环境系统越来越复杂和庞大的当下商业场景。面向对象和结合场景，一个都不能少。

人们常说，好的开端是成功的一半。对于项目，完备正确的需求就是项目成功的前提。我在这里只选取了书中的一个点，书中还有很多可以汲取的精华。作者以大道至简的呈现方式，为我们提供了一套标准实用的纲要，供我们借鉴和应用，帮助我们洞察需求的第一原理，形成更好的需求实践。

——曾莉莉，DevOps 北京社区成员、敏捷北京社区成员以及项目管理方法论专家

推荐序 4: 需求语境下的工匠精神

得以受邀成为《高质量需求》英文版的先行读者，我感到很荣幸。得以尝鲜卡尔这部新作，我感到不胜欢喜。

之前读过卡尔的《聪明的商业咨询师》，深刻体会到他是一个具有工匠精神的领域专家，做事非常细致。《高质量需求》也充分体现了他的工匠精神。在需求领域，卡尔可谓登峰造极。正如英文版推荐序所言："若只选一本需求方面的书籍，那么非卡尔的《高质量需求》莫属。"

软件工程中，需求乃重中之重，遗憾的是常遭忽视，特别是在 DevOps 盛行且自动化、持续集成、持续部署和研发效能等成为行业主流的当下。在我看来，需求质量的重要性被淡化，业务分析人员（BA）被边缘化，导致最终的产品不尽如人意。一旦产品出了问题，研发效能就成了众多专家瞩目的焦点，很少有人会关注产品需求的质量。若能在需求分析阶段发现问题，是否就能避免后续的损失呢？在拿放大镜看降本增效的时候，卡尔的《高质量需求》或许可以为我们这个行业带来新的思考。

对于《高质量需求》，我有三点感触。首先是需求的工程化。我们 IT 行业人士经常说工程化，但真正理解的人并不多。业界普遍如此定义工程化：系统化、模块化和规范化的过程。众所周知，在软件工程中，软件交付客户前需经历立项、规划、需求、设计、编码、测试、上线、运营和维护等阶段。然而在需求阶段，却缺乏行之有效的最佳实践来应对需求的收集、定位、分析和管理等问题，尽管 Scrum 和 SAFe 等敏捷框架涉及了产品经理的角色和职责以及需求的管理。卡尔的这本《高质量需求》或许能引导我们从系统化、模块化、工程化的角度思考和实践高质量需求过程，体验工程化知识迁移的威力。

　　我的第二点感触是这本书的可操作性极强，书中介绍的 20 个核心实践容易上手，这些实践聚焦于解决高质量需求这一难题，覆盖了整个需求过程。而且，卡尔温馨提醒，这些实践虽为核心，但并不意味着必须全部应用于需求工作中，我们应该根据实际需要选择合适的实践，然后在此基础上适当调整并形成规范。

　　在这些实践中，我印象最深刻的是实践 #7：确定事件和响应（参见 3.2 节）。在需求过程中，用户场景或用户故事较为常用，但对非用户交互的系统则不然，真正的用户有时很难识别。相比之下，状态图更实用，通过事件轻松识别场景和一系列活动，并在此基础上结合软件设计中常用的状态图，可以帮助我们轻松搞定需求。

　　最后一点感触与 BA 的职业生涯相关。得益于共读会上各位小伙伴的畅所欲言，我对 BA 的职业生涯规划有了深刻的理解。书中提到优秀 BA 需要具备的几大能力，以及由于他们在领导力、创新能力、系统化思维、分析能力和协调能力等方面表现出色，足以胜任更高职位。

　　最后，衷心感谢参与共读活动的各位小伙伴：Alan 瑜、南方、雪锋、Lily、文斌和晓斌等（如有遗漏，敬请谅解），能向大家学习到这么多宝贵的知识，我深感荣幸。

——陈寅生（Even），DevOps 广州社区发起人、社区积极贡献者、

DevOps 专家及规模化敏捷 SAFe Product Owner

推荐序 5：真需求的三个关键词

时间如白驹过隙，距离第一次接触卡尔的《软件需求》，一晃竟然超过了21万个小时！彼时 2000 年，我已经参加过数十个软件项目的需求开发，积累了丰富的需求相关经验，另外还阅读了大量相关的书籍。读完卡尔的《软件需求》后，我忍不住为之拍案叫绝，因为书中解答了我在实践中没有想通透的许多困惑。自那以后，《软件需求》一直被我视为"圣经"，之后的第 2 版和第 3 版，我都第一时间入手。

2005 年，我从软件开发与管理领域转行至技术与管理咨询，开发了《实用需求工程》课程。在课程结束时，我总是将《软件需求》作为产品经理的圣经推荐给学员，我的推荐语只有三个关键词：简明、完备、实用。只有拥有深刻而全面的思路，作者才能将理论与实践结合得如此精巧，为读者带来启迪。经典，就有这样的范儿！

卡尔的新作——《高质量需求》英文限量版上市时，我有幸受邀参与共读，并第一时间拜读了卡尔这本新书。此书一如既往地延续了卡尔一贯的风格：简明、完备、实用。

整本书涵盖了业务需求的发源、需求获取、需求分析、需求描述、需求确认、需求管理等 6 个需求工程的核心活动。相比《软件需求》，本书的第 2 章"奠定基础"将需求的发源单列出来，着重强调需求的价值——确保大方向不偏，做正确的事是减少研发浪费的最有效手段。在需求工程的 6 大核心活动中，还隐藏着一个基础性的活动，即需求沟通。需求的提出者、产品经理、开发人员、测试人员、实施人员、销售人员等对需求的理解达成一致，通过持续不断的验证与确认，是确保真需求得到正确实现的前提。

无论是敏捷的方法还是传统的方法，只要涉及需求的获取与分析，都会覆盖需求的以下 12 个要素：

- 系统愿景与目标
- 业务流程
- 处理规则
- 市场前景
- 功能需求
- 非功能需求
- 业务场景
- 界面原型
- 接口需求
- 用户角色
- 数据对象
- 优先级

卡尔新书中提炼的 20 个核心实践完美覆盖了这 12 个要素！对每一条实践的落实要点、可能存在的问题，书中给出了实用性参考意见，完美呼应原书书名中的 essential 一词！

知易行难，卡尔归纳总结的 20 条需求工程核心实践，可以用来训练产品经理、需求工程师的基本功和微技能，以便他们能够在实际工作中运用自如，切实地解决需求工程中遇到的各种问题。此外，我们还可以在实践中创造、总结有效的做法。我在多年为客户提供咨询服务的过程中也大致总结了十多条有效的需求实践，下面这几条做得好的话，高质量需求唾手可得：

- 三驾马车需求获取小组：需求人员、开发人员、测试人员三个角色组成一个小组参与需求访谈，需求人员负责提问、开发人员负责记录、测试人员负责思考与补充提问；需求人员注重业务价值、开发人员注重技术可行、测试人员注重需求明确可测，三人配合确保需求获取的质量。

- 结对 PO 制：产品经理（PO）由两个人结对担当，业务 PO 负责获取业务需求，编写需求列表、用户故事，技术 PO 负责细化需求，制定用户故事的验收标准、界面原型，二者都可以与开发人员沟通需求、澄清需求，需求的决策权在业务 PO 处。

- 三次需求确认法：第一次为文字确认，即需求访谈完成后，让客户确认访谈记录的完备性与准确性；第二次为低保真原型确认，快速构造出界面原型后，让客户确认看看是否功能、数据项等有遗漏，是否正确；第三次为高保真原型确认，采用开发工具开发出所有的高保真原型，包含了界面切换关系，没有内部的业务逻辑，然后让客户确认是否是他们想要的功能。通过这种方法确保细节需求的完备性。

- 需求反讲法：PO 将需求写好后，传递给下游的开发与测试人员，由开发人员、测试人员给 PO 讲解对需求理解，PO 判断下游对需求理解的准确性，二者达成一致。需求反讲可以多次分批进行，也可以分散到每日站立会议后，由 PO 对当天要完成的需求进行轮询，要求开发与测试人员进行反讲。再配合上 PO 的每日验收则效果更佳。

前有辙，后有车。学习前人的成功经验，可以让我们重复成功和快速成功。曾经有一个客户的老总向我感叹："我们的需求获取始于系统上线！"希望本书中文版可以帮助更多的企业解决需求之痛，找到真需求，从源头上规避"垃圾进，垃圾出"的现象。

在此，我要向前辈致敬，永远支持卡尔，同时也要向广大软件工程实践者强烈推荐此书！

——任甲林，麦哲思科技总经理，CMMI 和 TMMi 主任评估师，

代表作有研发管理三部曲《术以载道》《以道御术》《数以达理》

推荐序 6：好的开始是成功的一半

数月前受邀参加这本书的英文版的共读，当时的感觉是这样的：手拿斧头正准备上山伐木的工人，突然间得到了一把既轻便又好用的电锯。

以前做企业咨询的时候，我为了提炼总结有关产品经理和需求分析师的工作方法，翻阅过一些需求相关书籍，从中了解敏捷项目的需求如何分层管理、企业架构如何在需求工作中落地以及如何从用户视角发掘需求。遗憾的是，没有一本书能帮助我从需求分析师的视角以高度结构化、精炼、完备的方式归纳和总结需求工作方法。然而，《高质量需求》做到了！

需求之于软件研发过程，其重要性毋庸置疑。在我的工作中，反复体会到一个事实：尝试建立或优化一个端到端的软件研发过程中，需求是其中如脊柱一般重要的中轴线，可以将一切贯穿起来，从规划、设计、交付排期、开发测试、版本发布到运营，形成一个闭环。可以肯定地说，对需求工作方法重视不够的组织，断然不可能持续创造出让用户满意的产品。

书中第一个核心实践就深得我心：将定义问题作为所有需求工作的基础。这一点在现实中常常被忽略，匆忙开始设计和写需求文档，这是常态。所谓定义问题，我认为最重要的是理解什么是用户真正需要的，什么才是真的对用户好。记得我刚工作不久时的一个项目，为了提高财务人员结算对账的效率，团队开发了一个带有分页的费用清单查询功能，允许财务人员直接在电脑上核对信息，不再需要传统纸质单据。可意想不到的是，上线后就收到投诉。当我们赶到客户现场，惊讶地发现他们办公桌上堆满了一摞摞打印的清单，工作人员皱着眉头一页页手翻，却不看电脑。询问后才得知，大多数住院患者的账单都有几百项费用，电脑上要翻几十页才能看完，简直要了那些上年纪的财务人员的命。于是我们赶紧重新设计了一个简洁的视图，不需要翻页，配上一个竖屏显示器，用户使用鼠标滚轮就能上下滚动浏览所有内容。

那些面向市场的产品研发，能否真正理解用户需求，影响的就不仅仅是几个人的工作效率问题了，而是关乎生死存亡。大疆当年进军运动相机市场，产品经理们觉得竞争对手的产品不够酷，于是大胆设计了一个方块状的镜头，小巧精致，可以夹在衣服上，还可以将多个模块磁吸组合在一起用，形态多变。然而，上市后销量不佳，还接到大量投诉（发热问题和续航不足等）。经过深刻反思，团队意识到在运动相机主要使用场景中的用户核心需求还没有充分满足的情况下过于追求外观酷炫。为此，产品经理去学习潜水冲浪，化身为极限运动爱好者，去真正理解用户的需要。重新设计的新款运动相机打了一个漂亮的翻身仗，销量一路攀升。

做好需求，我们要抛弃自我，以空杯心态深入一线，甚至把自己变成重度用户，去感受场景，去共情。在公司的 IT 部门，我们要求需求分析师要多想，而不是多做，要亲自去工厂、去门店，没有实地调研的需求规划是不可接受的。需求工作从用户洞察到交付验收，链路很长。为此，我们将需求分析师分为两类：一类更贴近用户和业务，专注于做洞察和规划，管理机会点，形成蓝图方案；另一类更贴近交付，设计系统详细方案，细化用户故事和验收标准，与开发团队日常协作。

但是，还有一个问题，即便在一线做足了研究，制定的方案也不一定是最有效的。在当下的乌卡时代，不确定性无处不在。作为需求分析师，永远要保持谦卑，大胆假设，小心求证。这本书的多个实践中都贯穿了对价值的分析、决策和验证。前面的案例，如果我们不是过于自信满满，而是将设计尽早拿到用户一线、真实场景中去做验证，也许能够尽早发现方案存在的问题。

对价值的验证，除了早期通过用户获得反馈，还需要从解决方案的 MVP 版本一上线就对实际价值结果进行观测分析。观测的方法在最初问题定义阶段就需要思考。在我们部门，对所有项目和专题需求的管理，都明确要求定义价值目标及其度量手段。需求价值可能体现在三个方面：用户，例如满意度提高、使用率提升；公司，例如客户投诉减少、作业处理周期缩短；组织效能，例如交付周期缩短、运维投入下降。为此，我们建立了一套参考价值度量体系来帮助团队对需求的真实价值进行观测。公司的管理层是需求流程的关键参与者。如果充分授权员工发挥其创新设计能力设计问题的解决方案，那么管理者更需要关注投入和价值分析，做好投资决策。需要从一开始就对齐实际效果的验证闭环，而且速度越快越好。我们力求尽可能减少超过一个月上线的需求。我认为，在企业致力于产品创新或数字化转型的过程中，这些问题可能比一份需求文档写得是否规范更为重要。

　　什么样的价值是我们期望的呢？自然要回到企业的战略与业务目标，这是本书的第二个重要实践。在我们部门的管理中，通过 EDGE 这样的精益投资组合管理框架将书中的业务目标、需求决策、需求集合以及优先级排序等实践组织起来，形成一个自上而下的、以战略和可度量价值为导向的需求规划和决策机制。然后，通过周期性的项目和需求评审会对实际效果进行闭环验证和调整。

　　除了价值，书中对建模的讨论也让我印象深刻，例如有关事件、数据对象和需求模型的实践。我们都学过各种帮助分析需求的流程模型，例如业务流程图、价值链分析、用户旅程、实体关系图、数据流图、事件风暴等。当我们在建立需求文档模版的时候，却发现几乎没有一种表达形式能有效支持不同业务领域的需求分析。用业务流程图来分析为消费者提供服务的过程就不太实用，因为脱离了用户视角。书中提到一个重要的观点"选择正确的模型"，让我得以释怀。我们要做的不是找到一个通用模型，而是将建模本身作为一个设计要求，同时提供一组可选的工具并赋能团队，让他们在不同的项目中用最有效的方式来达到分析的目的。

　　这本书中还有更丰富的内容，作者将围绕需求最重要的工作总结成 20 个核心实践，书不厚，但非常精炼且重点突出，每个实践都值得仔细研读。相比之下，我自己写的《适应：数字化业务管理行动指南》就显得过于详细，真是没有对比就没有伤害。如果三年前我就读到《高质量需求》，也许可以学着"适应"，把我那本书的厚度砍掉一半。高度精炼的方式虽然可能无法详尽描述具体的实践，但我认为，这绝对是我们需要的知识总纲，因为它同时也有恰当的深度，可以拓展延伸到更多的书籍或文章。

围绕需求工作的优秀实践仍然在继续发展。ChatGPT 带来的 AI 风暴，对需求相关工作方式也带来了影响。我们也在探索和利用 AI 更高效地进行用户调研、行业分析、帮助提炼研究资料、对需求文档进行质量评审、尝试通过自然语言快速生成交互原型、生成领域模型、数据模型，以及将需求自动细化成一系列用户故事和验收标准。AI 的使用效果越来越好，让我们可以用更少投入来产生高质量需求。

我相信，无论技术如何变化，"立足用户，深挖高价值需求，形成高质量的创新解决方案，并支持技术团队得以高效研发，加速反馈"，这些核心原则是不变的，是每一位产品经理或需求分析师孜孜以求的目标。需求工作自带模糊性和创造性，是无法被 AI 取代的。君子曰："学不可以已，青取之于蓝，而青于蓝。"人工智能时代的需求，与其"终日而思矣"，不如"须臾之所学也"！

——姚安峰，大疆 IT 效能中心负责人，著作有《适应：数字化业务管理行动指南》

推荐序 7：回归真需求，界定为与不为

当编辑老师问我："中文版即将出版，您要不要为《高质量需求》写一点什么？"能提出这个要求，说明老师是懂我的。需求，高质量需求，作为 80 后，我太明白这几个字的含义了。我不仅能够深刻理解百年之未有之大变局的内涵，还经常叩问我们为什么就能赶上各种大大小小的改革和变革。面对这种不以个人意志为转移的大时代的浪潮，我们如何借鉴华为过冬的智慧，推进科技创新，勇立潮头，把握好时代之变、组织之变、自我之变？在我看来，回归需求的本质是我们必须稳住的基本点。

确定基本点之后，我选取了两个维度去寻求答案，试图从中界定为与不为，毕竟，资源是有限的，及时刹车也是值得开香槟庆祝的，对吗？首先是大方向。在《中共中央关于进一步全面深化改革 推进中国式现代化的决定》中，我看到了对改革之需求的辩证统一的理解和分析。改革回应的是六个必然要求——即新时代需要把握的最根本的需求。在这个大方向的指引下，提出了基于四个面向："坚持面向世界科技前沿、面向经济主战场、面向国家重大需求、面向人民生命健康"的指导方针。

其次是需求与管理，双轮驱动。确定需求之后，各个组织和个体如何进行分析并且找到适用于组织与个人的创新沃土呢？大量的机遇摆在面前，如何才能回归本质，把需求以及挖掘需求的实践讲清楚呢？组织面临选择的时候，往往会选择华为作为标杆。张利华女士的《华为研发（第 3 版）》提供了如下所示的关键信息。

华为的首个教训与冬天	• JK1000 的失败使华为在实践中逐渐了解和学会了掌握市场的规律，而不是简单地做市场关系或推出一个自己认为先进合适的产品 • 华为公司 1998 年以前中研部在研发上有一个屡犯不改的错误，那一定是过于主观性地去开发产品，即不顾市场需求的变化和竞争对手技术的发展，"闭着眼睛"做研发 • 华为的冬天，其实是华为管理层在经历了高速发展后骄傲自满，开始故步自封，已经听不到炮火（客户需求），看不到敌人（竞争对手）。在技术和业务发展上，企业内部一切唯上，为怕得罪领导而不敢说真话，不敢报实情，为迎合领导搞大跃进口号式地激进目标，无视危机四伏的实际市场环境。勇于直言、提出竞争优势消失预警的一线员工和干部则不受欢迎
华为的科研导向	做科研是直接面向市场需求的，目标是能让技术立即产品化，能使科研成果迅速转化成市场优势以及财富
从偶然到必然，IPD 的核心是一次把事情做对，把产品做好	• 用 90% 的时间充分调查需求，设计方案，用 10% 的时间开发 • 从表面上看，设计阶段走 IPD 流程似乎需要更多的时间、更多的资源，而过去只需要几位开发人员就可以直接完成开发。但实际结果是随着开发的进展，需求才慢慢清晰，导致产品规格不断更改，设计方案不断需要更新，又要推倒重来，版本层出不穷，开发计划不断拖延，浪费了开发资源，也造成了大量的呆死料。而 IPD 可以从流程上保证客户需求在产品中得到体现，使产品开发是因为客户需求而存在
华为的科研突破过程中，如何做好人才的需求以及预期管理？：	• 任正非洞悉了知识分子所有的需求，衣、食、住、行、养家糊口 • 任正非深知中国知识分子的优势与缺点，以及知识分子做事业的抱负与做人的各种需求和想法 • 任正非领导下的早期华为所做的努力就是，不惜一切代价地抢夺人才、积聚人才，他通过企业的内部运作机制把人才组织好，将人才牵引到共同的、超越自身的、更高远的企业与国家的目标中去

透过这些关键的内容，我们看到了洞察需求并引领团队完成变革的神奇力量。不是华为，也不是任正非先生，组织和个人创新创业的秘密武器是什么呢？答案是回归本质，重视需求管理，按照科学的方法分析需求，夯实发展的基础。

洞察到真需求之后，我回到年初和 16 个小伙伴共读的《高质量需求》（英文限量版），因为这本书的含金量之高，当时就给我留下了深刻的印象。通过近一年的学习实践与反思，我务必确定，读透这本书能够为我们在新时代的创新与变革工作的组织提供完整、准确、全面的参考。书中的原理和实践并不局限于书名中限定的"软件需求"，事实上能够更广泛地应用于各行各业的方方面面，因为只要是和人打交道，只要你的产品或者服务要与外部生态进行交互，你就必须得搞懂真需求！

与过往大部头的需求或者需求工程管理的书籍相比，这本书足够小巧，足够实用，我们可以结合自身的迫切需求与短板，从任何一个章节的核心实践切入并尽快用于实战，创造价值。相较于其他大量排他性、速成类的书籍而言，这本书是极度包容和严谨的，不但给出了各类内容的引用，还通过附录给出了一系列可自行探索、深度研究的书籍和资料，这些精心选定的手册可以让我们高起点起步，高水平实践，高效能转化。

无论是需求的老手还是新手，我都非常建议大家花时间重复阅读第 1 章以及第 2 章。我每每精读这两章的内容，都会带入自身最近的工作进行反思，带着新的困惑和问题，联系书中 20 个具体实践重新学习和领会。

回看第 1 章图 1.1 中的种种需求，我会思考下面几个问题。

- 我在推进工作中是否对相关内容进行了逐一的考虑与分析？是否以适当的形式和位置记录了需求？
- 组织内部对这些需求信息的定义是否一致？无论是菜鸟和老鸟，在实际工作的推进中是否已经产生了其他的理解和演进？

再回看图 1.2 中需求的征询、分析、规范和验证四个阶段的时候，我会反思：

- 我们是机械地、线性地完成需求任务，还是权威武断地直接跳到解决方案，亦或者在正确需求思维的指导下持续地、科学地探索需求？

- 我们在需求分析的实践中是如何放弃旧的做法以及更新新的方法的？

在阅读反复出现的一些主题，我会从以下维度进行对照和评估

- 有没有做到去除个人偏见、有意识地创造不同形式和细节的交付物以及推动不同层级的相关方达成共识？

- 在需求工程的协作过程中，有没有做好相关方参与的分析与引导？有没有管理好客户的预期？

- 有没有不断跟进变化的需求并确保变化被澄清、记录并传达给受影响的相关人员？

第 2 章的 5 个基本实践，时刻提醒着我回归基础中的基础。可以预见，在我推进数字化转型的过程中，这些实践将持续帮助我填坑爬坑，其含金量还将持续提升。

- 反思自己花了多长时间和用什么方法去理解问题？我有没有引出体现真需求的最关键的问题？

- 有没有通过识别和描述利益相关方的需求，在推动变革前定义好业务目标（包括业务机会和目标的陈述、成功指标和产品愿景声明）？

- 这些要件内容有没有通过合适的引导方式使得各方达成一致？

- 有没有通过可视化方式向所有人员建立起理解一致的，不带有偏见和误解的解决方案边界（即包含什么和排除什么）？尤其是明确阐明排除什么。

- 有没有提前建立好治理框架，让相应决策者有序进行高质量高效决策并进行闭环的跟踪？

　　无论是什么职位，岗位或者名头，我们的工作本质上都是洞见需求和实现交付。为此，无论早晚都要回归基本功的练习：锤炼需求分析和掌握需求工程。这不是天赋，是可以习得并且持续提高的生存技能。当自己感到迷茫或者飘飘然的时候，回归基本功，回归需求本质，可以指引我们走好新的征途。

　　梦虽遥，追则能达；愿虽艰，持则可圆。我希望这本书能够跳出项目管理圈、软件圈、敏捷圈、变革圈的界定，帮助那些愁定位，谋发展，思未来的同路人用科学来武装大脑，信心满满地全身而入，去创造属于我们的大时代光辉。

——吕瑜，中广核运营公司大修数字化作业平台负责人，17 楼读书会主理人，

持有 CBAP/P3O/MSP/CDMP 认证

推荐序 8：触类旁通，洞察元需求

非常荣幸受邀参加《高质量需求》（英文限量版）的共读活动，我当时深入研读了第 6 章"需求确认"和第 7 章"需求管理"。作为一名深耕 B 端产品多年的产品经理，我深知这两个环节在产品开发全生命周期中的重要性，它们是确保需求能够高效落地的关键环节。

在 B 端产品的实际开发过程中，"一句话需求"的现象屡见不鲜。这种简略而模糊的需求表述，不仅给需求分析和澄清造成了困难，还给需求评审、测试环节带来了巨大的挑战。令人欣喜的是，作者卡尔结合核心实践和案例对相关主题进行了恰到好处的描述。针对需求评审、需求测试、验收标准、测试分析模型、高效测试需求和质量左移等多个环节以确保需求能够得到正确理解和实施，本书做了一次系统而完备的梳理，是一本极具实操价值的行动指南。

纵观全书，作者还系统而详尽地介绍了如何将产品愿景、意图和想法转变成可执行且可被有效管理的需求。在阅读本书过程中，我们可以结合自身经验，尝试着理解作者在书中描绘的需求开发与管理框架，并通过执行这些实践来理解其重要价值。老话说得好，实践是检验真理的唯一标准。

此外，无论您在生活和工作中扮演什么角色，都不妨借鉴卡尔作者这种系统而完备的思维方式（在我看来，堪比麦肯锡的 MECE 分析法），从日常生活练习中获得益处。这种方式能够帮助我们更加清晰地梳理生活中的各种事务，让我们以更有条理、更高效的方式培养自己的决策能力，在此基础上提升生活品质和工作效率。

在我看来，本书尤其适合以下人群：

- 产品经理、产品负责人、业务分析师、需求工程师、架构师等与需求密切相关的角色；

- 从事产品研发工作的人群，特别是从事 B 端产品研发和交付的解决方案工程师、售前工程师、项目经理、研发和测试人员等；
- 从事研发流程制定和管理工作的相关人士；
- 中高层管理人员，例如 COO、产品总监、研发总监等。

在此，我要向每一位渴望提升产品管理能力和追求卓越产品的读者郑重推荐《高质量需求》这本可以读厚的薄书。

——赵星晨，感图科技 PMO 负责人和产品经理

推荐序 9： 真需求，回归创新的原点

"在时代的广场，谁都会总会有奖。"作为一个有多年经验的咨询顾问，每次碰到风口，我都会想起"下一站，天后"中的这一句歌词。不知不觉中，我们来到了数智化时代，在时代转换的路口，除了卷，还有创新！然而，无论是数字化产品创新，还是智慧化运营方案的创新，都面临着一个普遍的挑战：业务人员不懂数字技术，技术人员不懂业务和业务背后的价值驱动因素。我的很多客户都卡在对业务进行"数字化建模"的环节。

受益于我在埃森哲时作为业务管理顾问参加过多个数字化项目的经历，我对数字化项目的需求管理还算得上有一些心得。正当我应客户的要求准备"需求管理"课程的时候，《高质量需求》（当时还是英文限量版）适时地出现在我面前。书中描述的框架可以很好地用于应对软件企业的需求管理过程，同时，其背后的逻辑适用性较广，对其他行业的需求管理也有很大的启发。

本书的需求管理从问题出发，分别从几个层面展开论述，包括需求征询与收集、需求分析、需求规范和需求验证。其中，"问题"可以引导我们关注当前的状态与未来期望状态的差距，让我们回到需求的原点；需求征询与收集中，需求征询是需求管理的重要环节。在当时服务华为的过程中，我们团队尝试过一种方式：上午由 IT 与业务人员共同"策划"流程和报表需求，下午在 IT 团队内部评审，就这样短时间内快速完成特定流程的数字化建模。这种方式与业务人员将写完的需求交给 IT 人员按"需求"开发相比，有着阶越式的差别，它允许业务与 IT 的联合团队在充分发挥技术想象力的前提下解读业务，使业务需求及时得到新技术的加持，从而化解数智化时代普遍面临的业技融合的挑战。另外，针对需求的规格和需求验证，书中也给出了易于上手的实操方法。

创新的原点在于客户与技术，一旦客户的问题可以通过某种（新）技术解决，就可能打开新的使用场景及其相应的市场。《高质量需求》这本书能够启发读者去洞察特定场景中的"元问题"，去结合客户的不满或期望以及新技术进一步形成和管理需求规范。

《高质量需求》是一本注重实务的书籍，尤其适合业务分析师和产品经理阅读和参考，因为它可以帮助我们找到创新的原点：元问题，真需求。

——文霞，元道企业咨询创始合伙人

致 谢

在本书的孕育过程中，我们有幸与吉姆·布罗斯、迈克·科恩、珍妮弗·科尔伯恩、大卫·曼蒂卡、拉姆齐·米勒及梅利尔·佩吉 - 琼斯等业界精英进行了深入且富有成效的探讨与交流。我们要向他们拨冗赐教并提供宝贵的专业建议表示衷心的感谢。詹姆斯·罗伯逊以其直言不讳的风格提醒我们，相比盲目假设解决方案的正确性，理解问题的本质更为关键。霍莉·李·塞夫顿无私地分享了她在数据征询和治理领域的专业知识，我们对此表示深深的谢意。尤金妮亚·施密特慷慨地为本书提供了需求分析的珠玉之言，蒂姆·利斯特允许我们引用他对项目成功所给出的精辟定义。

我们还要感谢杰里米·比尔德、塔尼娅·查伯里、珍妮弗·科尔伯恩、詹姆斯·康普顿、米哈伊·格尔格莱什库、丽莎·希尔、法布里西奥·拉古纳、勒内·拉斯韦尔、琳达·刘易斯、杰拉尔丁·蒙戈尔德、梅利尔·佩吉 - 琼斯、劳拉·帕顿、莫德·施利希、尤金妮亚·施密特、詹姆斯·希尔兹和汤姆·托马索维奇等，感谢他们提供了宝贵的审稿意见。特别是乔伊·比蒂、瑞娜·汉姆德和霍莉·李·塞夫顿的反馈，对我们的工作起到了至关重要的作用。

我们还要感谢 ArgonDigital 的努尔·加弗尔、乔伊斯·格雷普斯和乔·霍斯，在原型线框、示例模型和词汇表编制方面给予我们极大的帮助。感谢艾琳·米勒，她早期的编辑工作对本书的完善起到了画龙点睛的作用。

特别感谢 Clarrus 的吉姆·布罗斯，他慷慨地允许我们将他的质量属性优先级排序电子表格工具纳入本书，极大地丰富了我们的内容。

我们对于哈兹·亨伯特、门卡·梅塔以及培生教育出版团队的辛勤耕耘表示衷心的感谢。同时还要感谢 ArgonDigital 团队，尤其是乔伊·比蒂，他们对本书的大力支持和付出，让我们铭记于心。

合作写书的过程，有诸多好处。彼此间的交流不仅可以帮助我们明晰思路和字斟句酌，还能催生新的内容和观点，最终极大地丰富项目经验，这种合作方式对我们有极大的帮助。作为作者，我们两人配合默契，使得本书的内容更加丰富。卡尔在此感谢坎黛西的无私奉献，她分享了丰富的敏捷项目管理经验，并通过真实的故事来为本书增光添彩。

一如既往，卡尔要向自己的妻子表达深深的感激之情，感谢她再次耐心地支持他投身于新的写作计划。这些年来，她对于卡尔的软件开发和写作表现出了惊人的包容和理解。

坎黛西要向自己的家人表示感激，感谢他们支持她第一次尝试写作。她还要特别感谢 ArgonDigital 以及她的主要咨询客户中的项目团队成员，即使产品发布遥遥无期，他们也一直在鼓励她。特别感谢乔伊·比蒂（鼓励和指导坎黛西动手写作）和梅根·斯托万（鼓励坎黛西持续学习）。最后，坎黛西要感谢卡尔为她提供了这个共同写作的机会。

在整个出版过程中，卡尔以其卓越的指导才能使这个过程充满了乐趣和意义。

关于作者

自 1997 年以来，卡尔·魏格斯一直是 Process Impact 的首席顾问，这家公司位于俄勒冈州的欢乐谷，是一家软件开发咨询和培训公司。卡尔为全球数千名学生和会议参与者做过 650 多场演讲。此前，他在柯达公司工作 18 年，先后担任过摄影研究科学家、软件开发人员、软件经理以及软件过程和质量改进负责人。卡尔拥有伊利诺伊大学有机化学博士学位。

卡尔写过 13 本书，包括《软件需求》系列版本、《聪明的商业咨询师》和法医悬疑小说 *The Reconstruction*。他写过许多文章，主题涉及软件开发、管理、设计、咨询、化学、军事历史和励志类文章。卡尔有几本书获过奖，与乔伊·比蒂合著的《软件需求》（第 3 版）获得了技术交流协会的卓越奖。卡尔担任过《IEEE 软件》杂志编委会成员，还是《软件开发》杂志的特约编辑。

除了在键盘前工作，卡尔还喜欢品酒、在公共图书馆担任志愿者、为 Meals on Wheels 义务送餐、弹吉他、写歌和录歌、阅读军事历史以及外出旅游。可以通过 www.processimpact.com 和 www.karlwiegers.com 联系他。

坎黛西·霍坎森是 ArgonDigital 公司的业务架构师和 PMI-Agile 认证从业人员,这家公司位于得克萨斯州奥斯汀,从事软件开发、专业服务和培训。坎黛西在产品负责和业务分析方面有超过十年的经验,她与客户一起确定和实现能为项目带来最佳投资回报的需求,无论采用的是哪种开发周期。她还培训或指导过数百名产品负责人和业务分析师同行。目前,她热衷于了解如何在大型企业中优化敏捷以及技术性很强的系统或者后端系统有哪些敏捷需求。坎黛西毕业于莱斯大学,拥有土木工程学士和硕士学位以及宗教研究学士学位。

坎黛西是产品管理和业务分析社区的活跃成员,担任过 2019 年 Keep Austin Agile 会议的联合主席和奥斯汀 IIBA 的主席。她写过很多文章,主题涉及敏捷与可视化需求模型、敏捷中的需求以及大型企业中的敏捷。

工作之余,坎黛西喜欢和家人在一起,她是迪士尼的忠实粉丝,喜欢阅读英国历史,喜欢旅游,喜欢品酒。可以通过 www.argondigital.com 和 candase. hokanson@argondigital.com 联系她。

奠定基础

实践#1: 三思而后行，谋定而后动
实践#2: 定义业务目标
实践#3: 定义解决方案的边界
实践#4: 确定并描述利益相关方
实践#5: 确定有决策权的人

需求征询

实践#6: 理解用户需要用解决方案来做什么
实践#7: 确定事件和响应
实践#8: 评估数据概念和关系
实践#9: 征询和评估质量属性

需求实践总览

需求分析

实践#10: 分析需求和需求集
实践#11: 创建需求模型
实践#12: 原型创建和评估
实践#13: 需求优先级排序需求规范

需求规范

实践#14: 以一致的方式编写需求
实践#15: 以结构化的方式组织需求
实践#16: 确定和记录业务规则
实践#17: 创建词汇表

需求确认

实践#18: 需求评审和测试

需求管理

实践#19: 需求基线的建立和管理
实践#20: 有效管理需求变更

简明目录

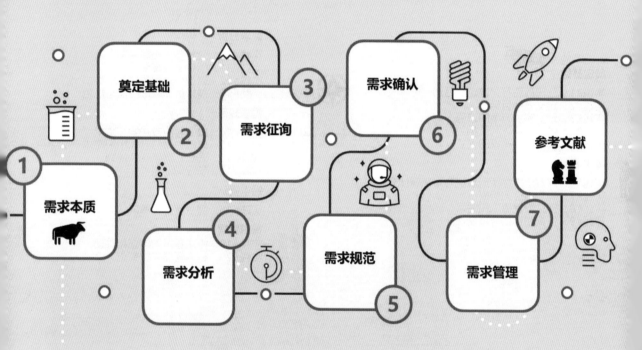

1 需求本质

2 奠定基础

3 需求征询

4 需求分析

5 需求规范

6 需求确认

7 需求管理

参考文献

详细目录

第 1 章 需求本质 001

1.1 需求的定义 002

1.2 需求工程的良好实践 006

1.3 谁来负责所有这些事情 009

1.4 一些反复出现的主题 011

1.5 需求的生命周期和时间 012

1.6 上手指引 013

第 2 章 奠定基础 015

2.1 实践 #1：三思而后行，谋定而后动 016

    2.1.1 业务问题 016

    2.1.2 征询：定位实际问题 017

    2.1.3 始终聚焦于业务问题 020

    2.1.4 相关实践 021

    2.1.5 思考与行动 021

2.2 实践 #2：定义业务目标 022

    2.2.1 业务需求 022

    2.2.2 业务目标 025

    2.2.3 成功指标 027

    2.2.4 产品愿景 028

    2.2.5 相关实践 030

    2.2.6 思考与行动 030

2.3 实践 #3：定义解决方案的边界 031

　　2.3.1 完善解决方案概念 031

　　2.3.2 设定上下文 033

　　2.3.3 扩展生态系统 034

　　2.3.4 应用解决方案边界 036

　　2.3.5 相关实践 037

　　2.3.6 思考与行动 038

2.4 实践 #4：确定并描述利益相关方 038

　　2.4.1 寻找利益相关方 039

　　2.4.2 利益相关方、客户和用户类别 041

　　2.4.3 确定利益相关方的特征 043

　　2.4.4 相关实践 045

　　2.4.5 思考与行动 045

2.5 实践 #5：确定有决策权的人 046

　　2.5.1 谁来做决定 047

　　2.5.2 他们如何决定 048

　　2.5.3 决策确定后会怎样 050

　　2.5.4 相关实践 050

　　2.5.5 思考与行动 051

第 3 章 需求征询 053

3.1 实践 #6：理解用户需要用解决方案来做什么 055

　　3.1.1 专注于使用 056

　　3.1.2 征询用户需求 057

　　3.1.3 用例剖析 060

　　3.1.4 应用以使用为中心的需求信息 061

3.1.5 相关实践 062

3.1.6 思考与行动 062

3.2 实践 #7：确定事件和响应 062

3.2.1 事件的类型 063

3.2.2 指定事件 065

3.2.3 相关实践 069

3.2.4 思考与行动 069

3.3 实践 #8：评估数据概念和关系 070

3.3.1 理解数据对象及其关系 070

3.3.2 完善对数据的理解 073

3.3.3 数据细节决定成败 076

3.3.4 寻找数据需求的藏身之处 078

3.3.5 相关实践 079

3.3.6 思考与行动 079

3.4 实践 #9：征询和评估质量属性 080

3.4.1 征询质量属性 082

3.4.2 质量属性的含义 082

3.4.3 权衡质量属性 084

3.4.4 规范质量属性 085

3.4.5 相关实践 086

3.4.6 思考与行动 087

第 4 章 需求分析 089

4.1 实践 #10：分析需求和需求集 090

4.1.1 分析单个需求 091

4.1.2 需求集分析 095

4.1.3 相关实践 098

　　4.1.4　思考与行动 098

　4.2　实践 #11：创建需求模型 099

　　4.2.1　选择合适的模型 100

　　4.2.2　使用模型来完善理解 103

　　4.2.3　迭代建模 106

　　4.2.4　相关实践 107

　　4.2.5　思考与行动 107

　4.3　实践 #12：原型创建和评估 108

　　4.3.1　进行原型设计的原因 109

　　4.3.2　如何进行原型设计 111

　　4.3.3　原型的命运 113

　　4.3.4　相关实践 114

　　4.3.5　思考与行动 114

　4.4　实践 #13：需求优先级排序 115

　　4.4.1　优先级排序的挑战 115

　　4.4.2　影响优先级的因素 116

　　4.4.3　优先级排序技术 117

　　4.4.4　通过逐对比较对质量属性进行优先级排序 119

　　4.4.5　分析性优先级排序方法 120

　　4.4.6　相关实践 122

　　4.4.7　思考与行动 123

第 5 章　需求规范 125

　5.1　实践 #14：以一致的方式编写需求 127

　　5.1.1　常见需求模式 127

　　5.1.2　抽象层次 129

5.1.3　需求属性 131

5.1.4　非功能需求 132

5.1.5　相关实践 133

5.1.6　思考与行动 134

5.2　实践 #15：以结构化的方式组织需求 134

5.2.1　需求模板 134

5.2.2　软件需求规范 136

5.2.3　需求管理工具 139

5.2.4　相关实践 140

5.2.5　思考与行动 140

5.3　实践 #16：确定和记录业务规则 140

5.3.1　定义业务规则 141

5.3.2　发现业务规则 142

5.3.3　记录业务规则 144

5.3.4　应用业务规则 145

5.3.5　相关实践 146

5.3.6　思考与行动 147

5.4　实践 #17：创建词汇表 147

5.4.1　沟通的同步 148

5.4.2　相关实践 150

5.4.3　思考与行动 150

第 6 章　需求确认 153

6.1　实践 #18：需求评审和测试 154

6.1.1　需求评审 154

6.1.2　需求测试 156

6.1.3 验收标准 157

6.1.4 测试分析模型 159

6.1.5 高效测试需求 161

6.1.6 质量左移 162

6.1.7 相关实践 163

6.1.8 思考与行动 163

第 7 章 需求管理 165

7.1 实践 #19：需求基线的建立和管理 166

7.1.1 定义需求基线 166

7.1.2 两种基线策略 167

7.1.3 确定纳入基线的需求 168

7.1.4 就基线达成共识 170

7.1.5 管理多个基线及其变更 171

7.1.6 相关实践 173

7.1.7 思考与行动 174

7.2 实践 #20：有效管理需求变更 174

7.2.1 预测需求变更 175

7.2.2 定义变更控制过程 176

7.2.3 评估变更影响 180

7.2.4 做出决策后 181

7.2.5 力求少做变更 181

7.2.6 相关实践 182

7.2.7 思考与行动 182

参考文献 183

第 1 章
需求本质

许多年前，我（卡尔）有时候会这么做：脑子里稍微闪过一个念头，就急匆匆开始写程序。我花时间敲代码、运行、调试，以及在编辑器里"一顿操作猛如虎"，一心想要得到自己想要的结果。直到有一天，我突然醒悟，问题的根源在于我没想清楚就急着动手，因为对于那时候的我来说，写代码似乎更有意思。这些让人沮丧的经历教会我一个道理：做事之前必须先弄清楚需求——目标是什么、要做哪些事情以及要用哪些数据。自从我开始将了解需求当作首要任务，就再也没有遇到过软件项目失控的困境了。

所有项目都有需求。有的团队一开始就有明确的业务目标，有的团队拿到手的是解决方案的功能/特性细节，还有些团队一开始就只有一个模糊的概念。不管怎样，所有参与的人最后都得达成共识，知道团队要交付什么。

有些项目参与者对需求不太上心。有的经理可能借口说自己太忙以至于没时间参加需求讨论。但一旦产品发展到重大变更以至于需要付出更大的代价时，他们就开始慌了。有些技术人员可能觉得，探索和记录需求会让他们分心以至于无法专注于写代码。然而，他们都没有注意到一个重要的事实：高质量的需求清单能够回答下面这几个重要且普遍的问题。

- 我们为什么要做这个？
- 我们想让哪些人满意？
- 我们打算做什么？
- 我们首先实现哪些功能？接下来呢？也许有些功能永远都不实现。

- 我们怎么判断解决方案①是否足够好？
- 我们怎么辨别什么时候算是完成？

这本书介绍了 20 个最重要的实践，它们能帮助软件团队创建一个需求清单来作为后续开发的基础。不管是哪种类型的产品和开发方法，这些实践都适用。有些软件团队做的不是一次性的项目，而是对现有产品进行持续修改和开发新的功能。这样的产品团队以及负责需求过程的人也可以受益于本书介绍的核心实践。

传统（计划驱动或预测性）项目和敏捷（变化驱动或适应性）项目在需求术语上有一些区别。但不管用什么术语，开发人员都需要相同的信息来正确构建合适的解决方案。有的团队可能会迭代执行某些实践，增量交付价值。有的团队可能在项目早期就完成大部分需求工作，因为问题已经很清楚了。如果是初创公司，在评估产品市场潜力时，要专注于探索思路和方法，而不是试图拟定一个详细的规范。无论以什么方式来计划开发周期，只要执行好这 20 个核心实践，就有望做出能够满足利益相关方需求的解决方案。

1.1 需求的定义

前面多次提到"需求"（requirement），现在是时候给出它的定义了。软件团队需要处理诸多类型的需求相关知识。如果没有共识，就会造成误解。虽然不完美，但《需求工程》（Sommerville and Sawyer 1997）对需求的定义仍然有用：

> 需求是一种规范说明（specification），用来描述应该实现什么。它

---

① 译注：解决方案（solution）是创建或修改一个或多个产品，可能包括软件系统、手动操作和业务过程。项目（project）的目的要么是解决一个或多个业务问题，要么是抓住业务机会。在本书中，我们将交替使用"产品""系统"和"应用"/"应用程序"等术语来指代团队要做的任何产品 / 服务。

们描述了系统应该如何表现或者系统有哪些属性（property）①或特性（attribute），也可以是对系统开发过程的约束（constraint）。

以上定义指出，需求包含多种类型的信息。然而，该定义缺少一个方面：需求要利益相关方对自己的需要（need）进行陈述，这是需求的本质，是所有相关讨论的原点。

有几种常见的分类模式和模型用于描述各种需求信息（Robertson and Robertson 2013，Wiegers and Beatty 2013，IIBA 2015）。它们通常是一致的，只不过细节上有区别。本书采用图 1.1 所示的模型。

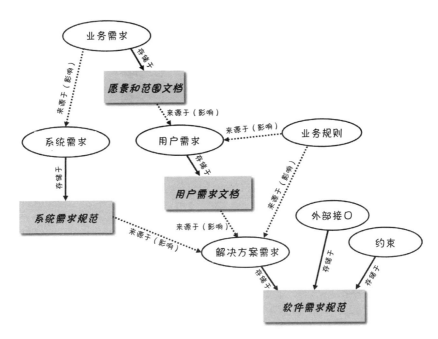

图 1.1　几种类型的需求信息以及存储它们的容器之间的联系

---

① 译注：在编程与哲学领域，property 与 attribute 有一些区别。前者是类的成员变量，如 int 或 string，用于实现数据的保护和方法的重写。后者是一种用户自定义的修饰符，用于为类、方法或变量添加额外的信息，可以在编译时或运行时影响程序的行为。

　　该模型显示了各种类别的需求信息（用椭圆表示）以及存储这些信息的容器（用矩形表示）。为了简单起见，本书将这些容器称为"文档"（document），但它们也可以是电子表格、数据库、需求管理工具、问题跟踪工具、维基或者贴满便签的墙等任何对团队有用的形式。容器的形式并不是最关键的，重要的是它容纳的信息及其记录、组织和沟通这些信息的具体方式。

　　如图 1.1 所示，需求信息有很多种类型。本书将采用表 1.1 中的定义，这些定义在需求工程领域和业务分析领域被广泛认可。注意，解决方案需求包括功能、非功能和数据需求（IIBA 2015）。本书后文会展示这些不同需求信息的例子。本书使用"需求"一词来统称所有类型的信息，无论采用的术语是否更侧重于功能、用例、用户故事还是其他需求方法。

表 1.1　几种需求信息类型及其定义

术语	描述
业务需求	阐述组织启动项目的缘由，确立业务目标，描绘用户故事，勾勒产品愿景，涵盖其他战略性信息（详见 2.2 节"实践 #2：定义业务目标"）
业务规则	定义或限制组织运作的行为规范，可能是政策、法规、法律或标准，在此基础上制定执行或遵守的解决方案需求（详见 5.3 节实践 #16：确定和记录业务规则）
约束	需求、设计或实现活动的限制条件
数据需求	明确定义系统必须处理的数据对象或元素、它们的结构和属性、数据对象间的关系，以及数据的输入输出格式（详见 3.3 节"实践 #8：评估数据概念和关系"）
外部接口需求	描述构建的解决方案与外部世界（如用户、其他软件系统、硬件设备和网络等）的连接方式
功能需求	描述产品在特定情境下应有的行为

（续表）

术语	描述
非功能需求	通常指代质量属性需求，描述解决方案的质量、服务或性能特征（详见 3.4 节"实践 #9：征询和评估质量属性"）
解决方案需求	描述为满足特定用户需求并助力实现项目业务目标而要求产品必须具备的能力或特征。包括功能、非功能和数据需求，也包括手动操作
系统需求	描述复杂系统的顶层能力或特征，此类系统包含多个子系统，通常包含硬件和软件元素。系统需求是衍生软件解决方案需求的基础
用户需求	描述用户希望通过解决方案来完成的具体任务或目标。国际商业分析协会（International Institute of Business Analysis，IIBA）[①]将这类需求归类为"利益相关方需求"，但是，所有需求实际上都来自某些利益相关方（参见 IIBA 2015）。在本书中，"用户需求"指的是用户需要完成的事务以及解决方案需要满足用户的哪些具体期望（详见 3.1 节"实践 #6：理解用户需要用解决方案来做什么"）

　　在图 1.1 中，从"业务需求"到"软件需求规范"串成一条对角线，绝非巧合。开发人员并不是直接实现业务需求或用户需求，而是实现功能需求，包括从其他类型的需求信息中推导出的需求。我们的目标是实现一系列正确的功能，让用户能够执行他们的任务并满足其质量期望，从而在所有约束下实现项目的业务需求。为了获得这个"正确"的功能需求集合，要求我们必须深入理解业务需求和用户需求。

① 译注：IIBA 中国分会 business analysis 翻译为"商业分析"，详情可以访问官方网站。尽管这种说法很常见，但将 business 无区别地理解为"商业"有些不专业。并非所有 business 都是"商业"。比如企业内部 IT 系统的需求，也有业务分析过程，分析的是"开发 IT 系统"这个业务。将 business 简单地等同于商业，这样的误解导致许多文献以讹传讹，形成了一种约定。在本书中，business analysis 译为"业务分析"。

并非所有需求都能毫无争议地归入表 1.1 的某个类别中。需求怎么称呼不重要。重要的是，团队要能够识别需求，分析并以适当的形式和位置记录需求，构建任何必要的产品 / 服务来满足它。

1.2 需求工程的良好实践

需求工程可以进一步细分为需求开发和需求管理。需求开发指的是团队为确定、理解和沟通需求知识而执行的诸多活动。需求管理指的是拿到需求后进行维护和管理。需求管理活动包括处理不可避免的变更、跟踪需求版本及其随时间变化的状态，以及从单独的需求跟踪到相关需求、设计组件、代码、测试和其他元素。

需求开发进一步细分为以下细分领域：

- 征询（elicitation）[①]，收集、发现和创造需求的过程。
- 分析（analysis），评估需求的细节、价值、相互联系、可行性等，以实现对需求的精确理解，降低实现需求的风险。
- 规范（specification），以适当和持久的形式表示需求知识，以便能够传达给他人。
- 确认（validation），评估需求在多大程度上满足利益相关方的要求。

这四类活动并不是单线程以线性方式进行的。它们相互交织且有重复，直到我们对某一特定需求集有了充分的了解，使开发团队对此有信心开始构建和验证解决方案。尽管参与者可能觉得繁琐，但需求开发是一个必要的渐进和迭代过程。对需求的探索是一种投资，可以减少不确定性并提高效率。有人可能

---

① 译注：elicitation 还有"引出、启发、抽取和诱出"等意思，表示通过对话、提问、交流或沟通等手段，提炼和萃取出利益相关方的需要，该技术广泛用于人类学、认知科学、咨询、教育、知识工程、语言学、管理、哲学、心理学或其他领域，有利于减少主观臆断和实验设计中的疏漏。它通常不同于间接信息收集方法（如书本或期刊等来源）。

觉得这个过程慢，但老话说得好，磨刀不负砍柴工，对需求的深思熟虑最终是有助于节省时间的。

　　需求工程的每个细分领域都包含许多独立的实践，这些实践构成了本书的全部。书中描述的 20 个核心实践几乎有助于所有项目取得成功。无论你是领导需求工作、参与需求工作，还是依靠需求工作来完成自己份内的工作，都可以利用这些核心实践来取得成效。其中一些实践提到的模板、电子表格工具、检查清单和其他工作辅助工具，都可以从本书的配套网站下载。

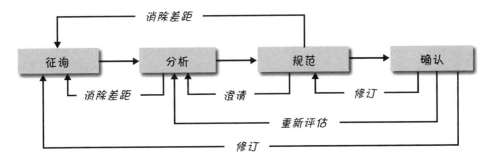

图 1.2　需求征询、分析、规范和确认是渐进、迭代且经常并发进行的

　　书中这些核心实践按需求工程的子领域进行分组，包括 4 个需求开发子领域和 1 个需求管理子领域。第 3 章讨论需求征询，第 4 章描述分析实践，第 5 章处理需求规范，第 6 章讨论关键的需求确认实践。第 7 章讲述最重要的需求管理实践。

　　在每个实践的相关描述中，都会提到许多实用的技术及其相关实践，以及推荐的"行动练习"，旨在帮助读者立即将实践付诸行动。实践描述相对简短，所以我们为读者提供了更多参考来源来帮助读者深入了解。

　　在第 3 章介绍的一些实践中，描述了与质量属性和数据等相关的分析和规范活动。之所以这样分组，旨在强调这些需求子领域有内在的联系，它们盘根错节的关系无法使其完全区分。

有些读者可能已经注意到，前面我们一直没有提第 2 章。这一章的主题是另外 5 个涉及需求的活动（实践）。这些活动是每个项目不可或缺的组成部分，是项目取得成功的基石。早期如果开展这些活动，能够使所有利益相关方就目标达成共识，而不是在团队遇到问题时火烧眉毛，临时抱佛脚。

本书介绍的 20 个核心实践并不足以构成一个放之四海皆准的需求过程。在开发软件的过程中，负责需求的人应与其他环节的主管紧密合作，共同决定哪些需求方法最有效。需要考虑的因素包括项目的性质和规模、团队在类似产品上的经验、团队是否能够直接接触到利益相关方、特定的需求风险领域、约束以及组织文化等。在这个过程中，根据项目的具体需求选择可以为工作带来最大价值的需求实践，并综合运用本书以及其他参考来源所描述的实践，使其最大限度地满足自己特定的需要。

前面列出了本书描述的全部 20 个实践。它们决不是唯一可用的需求技术。许多综合性图书都描述了需求工程和业务分析的几十个实践。下面列出最有用的一些参考资源：

- *Software Requirements, 3rd Edition* by Karl Wiegers and Joy Beatty (Microsoft Press, 2013) 最新中译本《高质量软件需求》（第 3 版）于 2025 年出版

- *Mastering the Requirements Process: Getting Requirements Right, 3rd Edition* by Suzanne Robertson and James Robertson (Addison-Wesley, 2013) 最新版本中译本《掌握需求过程》（第 4 版）于 2025 年出版

- *Agile Software Requirements: Lean Requirements Practices for Teams, Programs, and the Enterprise* by Dean Leffingwell (Addison-Wesley, 2011) 最新中译本《软件需求：精益敏捷中的需求实践》于 2025 年出版

- *Business Analysis: Best Practices for Success* by Steven P. Blais (John Wiley & Sons, Inc., 2012)
- *Business Analysis, 4th Edition* by Debra Paul and James Cadle (BCS, The Chartered Institute for IT, 2020)
- *A Guide to the Business Analysis Body of Knowledge (BABOK Guide), 3rd Edition* (International Institute of Business Analysis, 2015)
- *Business Analysis for Practitioners: A Practice Guide* (Project Management Institute, Inc., 2015)
- *The PMI Guide to Business Analysis* (Project Management Institute, Inc., 2017)

我们鼓励大家参考这些书籍，从中进一步了解本书的相关主题，了解自己觉得可能有用的其他实践。需求领域的专业人员必须积累一个工具箱，将更多好的实践和技术收入其中，与此同时，还要有丰富的经验，知道哪些场景下最适合用哪些工具。

有些书籍或开发框架建议你放弃一些成熟的实践，换用别的实践。这是个糟糕的建议。作为专业人员，平时就要及时把新的实践补入自己的工具箱。什么时候可以除旧布新呢？当且仅当新的实践在所有情况下显著优于旧的实践时。是啊，但凡有用的，干嘛要急着扔呢？

1.3 谁来负责所有这些事情

在过去，在软件项目团队中，负责开发和管理需求的人称为需求分析师、系统分析师、业务系统分析师或者简单称为分析师。大的项目（特别是同时有硬件和软件组件的系统）可能由需求工程师来负责。开发商业软件的组织一般任命产品经理来沟通市场团队和开发团队之间的鸿沟。敏捷开发团队对应的角色通常为产品负责人，负责定义和管理需求以及其他工作事项，统称为产品待办事项，最终形成解决方案。

近年来，业务分析师这个术语普遍取代了过去的这些头衔。本书用业务分析师（或简称 BA）来指代开发团队中负责需求工作的人员。在许多组织中，BA 并不是专职负责需求的人。但在本书中，我们只专注他们手头上的需求活动。注意，我们说的 BA 指的是角色或职责，不一定只是岗位名称。即使团队没有正式的 BA，肯定也有人负责需求的征询、分析、规范、确认和管理。BA 工作可以由多人分担，如项目经理、质保负责人和开发人员等。不管什么头衔，只要是在做需求工作，我们就认为他们是 BA。

需求领域既关键又复杂，如果没有接受过良好的教育或培训，是不能指望谁都能做好 BA 的。能力强的 BA 会为需求过程带来一系列特殊的知识、经验、个性特质和技能，具体如表 1.2 所示。如果你要负责 BA，请对自己的能力进行评估，努力补齐自己的"短板"。

表 1.2　一些有价值的 BA 技能和特质

倾听	写作
访谈和提问	建模
引导	抽象和归纳
非语言沟通	信息和活动组织
分析思维	擅长处理人际关系
系统思维	领导力
思维敏捷	创造力
观察	好奇心

近年来，下面几个专业组织认识到了业务分析师和需求工程师能够贡献巨大的价值，因而开发了知识体系和专业认证，旨在为该领域的从业人员提供一条明确的职业发展路径：

- 国际商业分析协会（The International Institute of Business Analysis，IIBA），网址为 iiba.org
- 国际需求工程委员会（The International Requirements Engineering Board，IREB），网址为 ireb.org
- 项目管理协会（The Project Management Institute，PMI），网址为 pmi.org

上述专业组织的知识体系为许多需求过程、技术和工具提供了丰富的信息。要想成为一流的专家，尽量多参考这些专业组织提供的信息。

1.4 一些反复出现的主题

有一些共同的主题贯穿于全书。在为项目选择具体的需求实践时，请记住下面几个主题并根据实际情况加以调整。

- **需求开发需要一个渐进、迭代的方法。** 在着手开发之前，没有人能把全部需求都想清楚，计划中的需求也不可能一直保持不变。人们获得的信息会越来越多，会产生新的想法，会回忆起之前自己忽略的东西，会改变想法，更重要的是必须适应不断变化的业务和技术现实。
- **无论需求的表达方式如何，所有需求活动的目标都只有一个：实现清晰和有效的沟通。BA 的过程工作成果有不同的受众。**这些受众可能希望需求信息能够以不同的形式和不同的颗粒度呈现出来。在创建需求交付物时，我们需要考虑到不同受众不同的需求。
- **需求工程离不开相关各方的合作。**需求会对所有利益相关方造成影响。一些人可以为需求提供输入，一些人根据需求来开展工作，一些人使用由此而得到的解决方案。要想取得成功，客户的参与是关键。BA 必须与那些能准确表达不同利益相关群体需求的人合作。大多数需求决策都涉及众多参与者,他们具有不同的且有时甚至相互冲突的利益和优先级。

- **需求会发生变化。**开发解决方案的过程,是追逐一个变化目标的过程。业务需求、技术、市场、法规和客户一直在变。BA 必须跟上不断变化的需求,并确保这些变化(变更)能够得到清楚地理解、记录进而被传达给会受到影响的其他人。

- **要想提高开发效率,一个强大有效的方法是尽量不要让团队返工。**因此,尽量在进入开发周期之前完成质量活动——换言之,宜早不宜迟。更高质量的需求,意味着开发后期或者交付之后更少的返工。

- **使用风险思维来决定要采用哪些需求实践、何时执行这些实践、何时冻结需求以及需求的颗粒度如何。**例如,如果将开发工作外包或者团队以远程方式协作,那么相较于参与者集中在同一个地方工作,这样做更有可能造成相互之间的误解以及时间和精力的浪费。因此,对于这种项目,需求必须写得更精确、更详细。如果开发人员集中在同一个地方工作,就可以迅速从身边的同事那里得到答案。

1.5　需求的生命周期和时间

无论是需求开发还是需求管理活动,都不会在初始项目团队交付解决方案后立即结束。它们会在产品的运行或市场生命期内持续进行,并随一系列改进和维护周期不断演化。随着变更请求的到来,必须有人征询相应的需求细节,并评估变更对当前解决方案的影响。然后,必须记录新的或变更的需求,进一步确认并跟踪其实现进展,从它们一直跟踪到系统的其他元素。

BA 要从其他项目中寻找可重用的与需求相关的工件。有时,BA 会创建能在组织内其他地方重用的交付物。词汇表、业务规则、过程描述、利益相关方名录、数据模型、安全性需求等有许多使用场景。一旦组织投资创建了这些工件,就要把它们组织起来以备重用,想方设法进一步用起来。

1.6 上手指引

本书包含大量信息并推荐了许多实践和技术。毫无疑问，其中一些大家已经在做；另一些对大家来说可能是新的。对于本书推荐的核心实践，我们有下面两个建议：

- 如果还没有在项目中执行所有这些活动，请不必感到抱歉；
- 不要试图一步到位，希望自己一次性做好所有事情。

带着思考阅读本书，从中找到可以给项目带来最大价值的实践。找机会尝试使用这些实践并观察其成效。与此同时，还要保持清醒的认知：在自己和同事尝试和练习使用新的实践时，因为学习曲线的缘故，工作进度上可能会慢下来。此外，还可以结合我们书里提供的参考文献，进一步了解自己感兴趣的其他实践。随着时间的推移，新的方法和工具有望成为你 BA 工具箱中不可或缺的组成，可以帮助你取得更好的工作成果。

无论头衔是业务分析师还是需求工程师，其工作内容都是极有挑战性又至关重要的。本书描述的核心实践提供了可靠的方法与工具，旨在帮助大家信心满满地应对需求，因为需求的优劣是决定大多数项目成败的关键。

第 2 章
奠定基础

在经典的瀑布软件开发模型（需求等要素被认为是明确和固定的）中，流程是这样的：针对待开发的产品，团队得到一个完备的产品需求集，设计并构建相应的解决方案，进行全面测试，然后上线交付。然而，我们都知道，这种开发方式在大多数情况下并不奏效。

项目前期可以且应该完成多少需求工作？对此，不同的项目有一定的差异。如果是信息系统，在进入实现阶段之前，它的大部分需求或许都能明确下来。如果是包含多个硬件和软件组件的复杂产品，我们就必须慎重对待它的需求，因为后期的变更成本极高。如果是变化较快的应用或适合通过多次发布来升级更新的应用，更有效的方式是及时（just-in-time）确定并实现小的需求。如果是创新型应用，可能还要涉及大量的概念探索、原型设计、可行性研究和市场评估。

虽然没有什么普遍适用于所有场景的开发生命周期或需求工作方法，但是，所有团队在启动项目的时候都应该完成几个与需求有关的且相互关联的实践活动。本章描述了以下 5 个基本实践，它们是技术和业务成果的基石：

实践 #1：三思而后行，谋定而后动

实践 #2：定义业务目标

实践 #3：定义解决方案的边界

实践 #4：确定并描述利益相关方

实践 #5：确定有决策权的人

2.1 实践 #1：三思而后行，谋定而后动

假设某个项目已经做了一年多，该项目也有高层的支持，且知名度很高。作为业务分析师，你执行了需求征询、需求分析和需求规范这三类活动。开发团队构建了利益相关方提出的需求并按计划如期部署了产品。但是，短短三个月后，该产品被认为是失败的，被弃用了。这是为什么？因为它没有解决利益相关方的实际问题。

很多时候，很多团队构建和发布的需求、功能甚至整个产品都派不上用场，因为他们并没有充分理解业务场景及其尝试解决的问题。通过理解解决方案所针对的问题或机会，所有参与者可以就核心问题达成一致，进而增强其解决方案确实能实现预期结果的信心。

2.1.1 业务问题

业务问题（business problem）指的是阻碍业务实现其目标或利用其机会的任何障碍或问题（issue）。[①] 业务问题可以微不足道，例如用户抱怨某个任务耗时过长，这样的问题或许可以通过精简某些功能来解决。业务问题也可以大到成为组织级别的业务挑战（烧钱太多，收入太少甚至还赔钱），这需要启动大的项目或者开发全新的产品。

组织通过启动项目来解决一个或多个业务问题。每个活动都有资金支持，因为管理层希望其业务价值高于其成本。然而，这些问题或机会往往既没有明确的陈述，也没有被记录下来。执行发起人（executive sponsor）或潜在客户（lead customer）[②] 可能提不出一个明确的问题陈述，就只是要求团队构建什么产品/

---

① 译注：problem 通常指麻烦事、棘手的问题或难题，需要得到识别和解决。在技术领域，可以指错误或故障，需要技术干预来修复。常常与负面结果相关。issue 通常指需要讨论、争论或考虑的重要议题。在项目管理中，也指会影响到项目成功的事项。question 往往更侧重于发问或提问。这三个词都可以翻译为"问题"。

② 译注：作为商业术语，指的是在新产品或服务开发过程中，首先采用和试用该产品或服务的客户，他们处于市场前沿、愿意尝新且能够对产品提出非常重要的反馈意见和建议。

服务。这就可能导致本章开头所说的场景：项目成功但产品却失败了。如果不能充分理解问题，或者一开始就想好了具体的解决方案，那么团队极有可能只是解决了部分问题或者什么问题都没有解决。

对于提出的问题或提出的解决方案，我们要避免简单粗暴地假定它们一定是对的。最初的项目提议可能来自业务案例[①]、项目章程、高层或者产品策划[②]。但是，你能相信它可以为接下来的所有工作指明正确的方向吗？

作为需求责任人，你在听到问题陈述之后，要进行根本原因分析（root cause analysis，RCA），直到确信自己充分理解了实际问题及其构成原因。然后，基于自己当前的认知从中推导出能解决这些特定问题的最佳方案。如果有人提出了解决方案，就邀请他们一起探讨问题："如果 < 解决方案 > 是答案，那么问题是什么？"换句话说，问"为什么你认为那个方案是合适的？"通过这样的讨论，你可能会发现，最根本的问题需要用一个不同的方法来解决。这个方法可能更简单，可能更复杂，可能更具体，可能更常规。但在未做深入分析之前，你是不会知道这些的。

2.1.2　征询：定位实际问题

利益相关方可能提出要求，例如"将几个系统合并成一个"，并期望这个策略能解决多个没有详细说明的目标。然而，如果有一个更简单的答案，那么系统合并这个方案可能就有些"矫枉过正"。如果实际问题是维护和支持 4 个现有系统确实太烧钱，那么合并这些系统可能就是正确的解决方案。然而，假

---

① 译注：business case，它有很多种译法（业务案例、商业案例、商业论证、业务论证等），其本质是为重大支出项目进行论证，包括成本、效益、选项、问题、风险和潜在问题等信息。

② 译注：产品规划或产品愿景家，其主要职责是定义和构建产品的愿景与战略。该角色往往对市场、客户需求和技术趋势非常敏感，能够将这些信息转化为清晰而激动人心的产品愿景。产品规划在产品开发过程中可能涉及的角色和任务：定义产品愿景；市场研究和分析；客户反馈；制定产品战略；与开发团队合作；持续优化以及沟通和推广产品愿景与价值观。

设最紧迫的问题是用户不满意，那么，我们与相关的利益相关方一起使用 5W^① 这种征询方式来进行根本原因分析，就可以厘清这个问题（Tableau 2022）。

　　根本原因分析要求从一个问题描述或提出的解决方案出发，追溯可能存在的问题及其贡献因素。通过对这些因素进行评估，可以得到一个合适的解决方案。通过使用"5 个为什么"，反复询问"为什么这会成为问题？"或者"为什么我们现在还没有实现那个目标？"，抽丝剥茧，对当初促使立项项目的议题进行透彻的分析。业务分析师和关键利益相关方可能会有下面这样的对话：

　　分析师："你要求把目前的 4 个系统合并成一个。为什么要合并呢？"

　　利益相关方："因为客户抱怨说，他们每点开一个网页都需要登录，很烦。这个设计的原因是他们访问了不同的后端系统，而这些系统都有其各自独立的用户账户。"

　　分析师："客户的抱怨为什么会成为问题呢？"

　　利益相关方："根据我们的市场调研，25% 的客户对我们网站的可用性感到失望而转到了竞争对手那里。"

　　分析师："如果是这样，为什么不直接实现单点登录来提高可用性？"

　　利益相关方："那样做虽然有帮助，但我们仍然需要维护和支持所有 4 个系统。"

　　分析师："如果把这几个系统合并为一个，是否需要同样数量的支持人员来支持新的系统？"

　　利益相关方："我们认为不需要。目前 4 个系统使用不同的编程语言。虽然工作量不大，但每种语言我们至少要配备一名工程师来提供支持。将这些系统合并成使用单一语言的系统，就可以让其他三名工程师做其他产品的工作。"

　　分析师："啊，如此看来，你是想解决多个问题。你希望有更高的客户留存率，还希望使用更少的技术人员以便留出人手做别的活儿。"

---

① 译注：原文为 5Why，也称为"5 问法"，是一种提出问题的方法，用于探究造成特定问题的因果关系，最终确定特定缺陷或问题的根本原因（root cause），这里的 5 并非一成不变，可根据需要增减，找出根本原因即可。

通过这样的对话并多次询问"为什么"，业务分析师现在明白了利益相关方希望解决方案需要解决的两个关键问题。把几个系统合并成一个系统，这个要求可能确实是最理想的长期战略。此外，一个使用单点登录的临时解决方案可以迅速安抚那些感到不满的客户，系统合并计划则致力于解决更大的支持和维护问题。

根本原因分析图（也称为"鱼骨图"或"石川图"）是显示分析结果的方式之一。为了深入研究利益相关方提出的第一个问题——用户体验不好而导致客户转向竞争对手，BA 可以运用"5 个为什么"这种方式来征询并确定客户为什么感到沮丧。然后，画一个图，如图 2.1 所示。把问题放在鱼头。把最高层的原因放在从鱼的脊柱连出的对角线上的方框里。在每条对角线上的短横线上添加问题的贡献因素。继续深挖，直到找到最终的、可操作的根本原因。随后，设计一个或多个解决方案来解决这些问题。

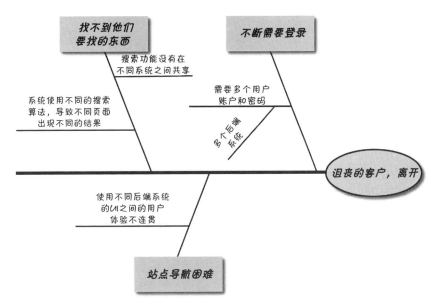

图 2.1　这个根本原因分析图（鱼骨图或石川图）显示了问题的根本原因

一旦确定主要问题和根本原因，就可以谋定而后动，在确定解决方案之前全面考虑它们可能造成的影响。最初提出的或者最明显的解决方案可能是错误的。举个例子，本书作者之一坎黛西有个项目出了问题，公司使用的商业现货（commercial off-the-shelf，COTS）软件包的版本很快就要"退役"（end-of-life，EOL），供应商不再提供支持。在那之后，任何产品问题都可能导致公司失去整个业务，因为得不到供应商的任何帮助了。公司内部也无法对供应商的产品进行改进。一个明显的解决方案是升级到供应商最新版的产品。然而，公司必须为此向供应商支付高额的服务费来解决问题和增加功能。因此，公司认为，更好的解决方案是从不同的供应商那里采购新的 COTS 软件包并自主开发一个替代方案，如此以来，既能解决最初提出的终止支持问题，又能解决其他的问题。

问题分析可以揭示其他不明显的挑战。作为 BA，你可能面临来自不同利益相关方相互冲突，或者试图用单一解决方案来解决多个不相关的问题。在探索这些问题时，寻找可能需要几个解决方案的场景，千万不要"头铁不信邪"，非要去寻求什么"银弹"（万能策略）。

2.1.3　始终聚焦于业务问题

一旦关键利益相关方对核心业务问题达成明确的共识，就可以考虑写一份问题陈述／问题声明（Kyne 2022）。以下模板可能对你有帮助（Compton 2022）：

- **场景**（**situation**）　　描述背景、上下文和环境
- **问题**（**problem**）　　描述当前所理解的业务问题或机会
- **影响**（**implication**）　描述如果问题没有得到解决，那么可能会有什么结果
- **收益**（**benefit**）　　说明解决该问题所获得的业务价值
- **愿景**（**vision**）　　描述理想中的未来

简明扼要的问题陈述可以作为后续工作的锚点。问题陈述直接影响着具体业务指标的制定（管理层或客户希望解决方案实现这些具体的业务目标，参见 2.2

节"实践 2：定义业务目标"）。问题陈述还有助于团队在整个项目期间做出决策。在确定需求的优先级时，优先考虑对最高价值问题的解决最关键或最及时的那些需求（参见 4.4 节"实践 #13：需求优先级排序"）。在前面所说的将几个系统合并成一个的例子中，实现单点登录以减轻客户的挫折感相比合并多个系统为一个系统更快，而且还能解决客户流失眼前这个亟待解决的问题。

一旦有人提出新的系统功能，就要提出问题，通过征询技术得到它与业务问题的关系（参见 7.2 节"实践 #20：有效管理需求变更"）。如果不能把每个新的需求关联到已经定义好的业务问题，就意味着要么需要提出更多的问题进一步征询，要么新的需求是非必要的。

利益相关方经常把具体的交付物作为需求来提出："给我构建产品 X 或功能 Y。"利益相关方的解决方案也许是正确的，但谁能保证呢？花点时间彻底理解实际业务问题，确保团队专注于实现正确的结果。如果分析显示实际问题与业务案例或其他原始文件中发现的不太一样，就修改文档，使其更贴近匹配新近理解的现实场景。这个见解可能会深刻改变项目的方向。

2.1.4　相关实践

以下 4 个实践与这里的实践 #1 相关。

实践 #2：定义业务目标

实践 #3：定义解决方案的边界

实践 #13：需求优先级排序

实践 #20：有效管理需求变更

2.1.5　思考与行动

1. 如果还没有讨论过，请与项目领导和关键利益相关方讨论为什么要做这个项目，确保自己充分理解了该项目要解决的实际问题。

2. 为核心业务问题创建一个根本原因分析图，使用 5 个为什么这样的征询技术来发现主要原因及其贡献因素。

3. 使用本节描述的模板写一个问题陈述。

4. 根据指定的问题来评估当前解决方案在概念上是否能够充分解决问题。如果不能，就从中做出选择：要么改变解决方案，要么指出当前解决方案可能不充分。

2.2 实践 #2：定义业务目标

为了确保团队做到有的放矢和对症下药，理解业务问题和机会是关键的首要任务。下一步是准确描述项目发起人（project sponsor）或其他重要利益相关方对解决方案的预期用途。如果有人问及你的团队为什么要开展某个特定的项目，你应该为此准备一个令人信服的答案。

有些人将业务需求（business requirement）这个词用来指代来自业务的所有需求，包括对功能提出的要求。然而，我们这本书不是这样使用这个词的。我们用它来指代一些信息，这些信息解释了组织为何决定开展此项目以及他们期望该项目交付哪些价值（Wiegers and Beatty 2013）。业务需求的核心要素包括业务机会和业务目标陈述、成功指标和愿景声明。阐明业务需求是所有利益相关方达成一致进而明确正确解决方案的重要步骤。

2.2.1 业务需求

组织启动项目以创造产品或利用业务机会来满足业务需求或解决问题。作为 BA，可以基于问题陈述来澄清业务需求，指定期望的业务结果，确定表明问题已解决的指标等。业务需求位于图 1.1 中需求模型的顶端，是后续所有工作的依据。如果项目或产品无法满足其业务需求，会导致大量时间、金钱和精力的浪费。

业务需求可能源自理解问题的高级管理人员、意识到需求的主要客户或看到商机的产品规划师。这些人可能已经为项目建立了业务案例，但他们仍然会发现，与 BA 合作制定一套更丰富的业务需求是有价值的。毕竟，"万丈高楼平地起"，奠定基础是关键。

作为 BA，如果需要引导讨论来探索项目的业务驱动力和理由，那么请记住一点：这个阶段的目标不是为期望的功能积累一个全面完备的清单。相反，业务需求的重点在于：为何启动此项目或构建该产品是个好的主意？以下问题可用于引导讨论以得出最关键的信息（Business Analysis Excellence, n.d.，Wiegers 2006）。这些问题清单可从本书配套网站下载。

- 希望解决什么业务问题？或者你察觉到了什么业务机会？
- 解决这个问题或追求这个机会的动机是什么？或者希望缓解和消除哪些痛点？
- 业务目标是什么？为什么现在还没有实现这些期望的结果？
- 项目提议的产品如何为组织、公司、客户或整个人类提供价值？
- 一个非常成功的解决方案可以用来做什么？能够量化其潜在的回报或收益吗？
- 如何判断解决方案是否取得了成功？
- 如果不实现这个解决方案，会对业务产生哪些影响？
- 哪些个人、团体、产品、系统或项目会影响或受到这个项目的影响？
- 交付部分解决方案的时间目标或约束有哪些？完整的解决方案呢？
- 如果组织以前试图解决这个问题但未成功，那么为什么会失败？团队这次应该采取哪些不同的措施？
- 针对项目提议，你做了哪些假设？你觉得这样做会有哪些风险？

业务需求包含多种信息。许多软件团队使用如图 2.2 所示的模板（Wiegers and Beatty 2013）来创建一个包含业务需求的愿景和范围文档。其他团队可能在项目章程中存储这些信息，并使用如图 2.3 所示的模板（Wiegers 2007）。这两个模板（其中嵌入指示文本）可以从本书配套网站下载。利用以上问题的答案来填充这些模板的各个部分（小节）。

```
1. 业务需求
   1.1  背景
   1.2  业务问题或机会
   1.3  业务目标
   1.4  成功指标
   1.5  愿景声明
   1.6  业务风险
   1.7  业务假设和依赖
2. 范围和限制
   2.1  主要功能
   2.2  首个发布的范围
   2.3  后续发布的范围
   2.4  限制和排除
3. 业务场景
   3.1  利益相关方概况
   3.2  项目优先级
   3.3  部署时要考虑的因素
```

图 2.2　推荐的愿景和范围文档模板 [①]

```
1.  项目描述
2.  业务目标和成功标准
3.  利益相关方
4.  愿景
5.  项目范围
6.  假设和依赖
7.  约束
8.  里程碑
9.  业务风险
10. 资源
11. 审批
```

图 2.3　推荐的项目章程模板 [②]

[①]　改编自作者与乔伊·比蒂合著的《高质量软件需求》(第 3 版)，最新译本出版于 2025 年。

[②]　来自作者的另一本书，中译本《成功软件项目管理的奥秘》，人民邮电出版社 2009 年
出版。

如果开发的是商用软件产品，组织通常需要撰写市场需求文档，这些业务信息可以包括在内。任何组织都可以写一个业务案例来证明投钱做新的项目是合理的决策。正如史蒂夫·布莱斯（Steven Blais）在其 2012 年出版的书中指出的：

> 所有这些文档的目的都一样：提供必要的信息，让决策者来决定现在解决、以后解决或者永远不解决这个业务问题。业务案例的总体目标是尽可能降低决策所带来的风险。

2.2.2　业务目标

作为 BA，可以根据业务目标来判断在什么时候业务问题可以得到解决、业务需求可以得到满足或者业务机会可以得到利用。业务目标可以是财务的或非财务的，内部的（运营）或对外的（产品），战略的或战术的。虽然陈述一个模糊的目标比较容易，但目标应该写得具体、现实和可量化。否则无法判断团队是否已经实现了这些目标。

如果以业务目标（business objective）的形式设定目标（target）①，决策者就可以确定实现这些目标需要涉及哪些工作范围。业务目标有助于我们确保解决方案会包括所有必要的功能，同时避免包括不相关的或不利于实现预期业务成果的功能。

提前定义业务目标可以推动解决方案概念的形成。然后，基于这个概念来定义解决方案的具体功能和属性——这个过程称为"需求征询"。假设现在对创新产品有一个了不起的想法并急于开始实施——也许从一个概念验证原型开

---

① 译注：goal 通常指经过考虑和选择且需要经过持久努力才能达到的长远目标，比如"她今年的目标是成为 PMO。"target 指的是射击的靶，比如可能与数字相关，比如"我们今年的目标是实现 3% 的增长"。objective 则是书面语，指具体或很快就能达到的短期目的，比如学习目的或者行动目的。goal，target 和 objective 这几个词一般都不加区别地翻译为"目标"，但是会给出一定的语境来显示几个词的微妙差异。

始。这样的探索有价值，但在开始真正构建产品之前，三思而后行，花时间思考为什么要做以及希望实现什么结果——业务目标。

最简单的方法是列出希望解决方案能够实现的任意一个目标：

- 到 2030 年，将数字业务的收入从约 1 亿美元增长到 100 亿美元，利润率达到 50%~75%。
- 每个员工每周用于文件存储和检索的平均时间从 10 小时减少为 2 小时。

需求陈述中，最好通过绝对目标来量化目标，而不是相对当前起点的百分比变化（Beatty and Chen 2012）。例如，不要这样阐述目标：

在 6 个月内将大洋洲地区的市场份额提高 20%。

而是要像下面这样表述：

到 2024 年 10 月 1 日，大洋洲地区的市场份额至少要达到 45%。

如果没有精确说明和记录参考基线值、日期或度量方法，就很难对相对变化做出合理的评估。

业务目标模型允许对复杂问题进行更彻底的分析。这种图是用 RML 开发的众多模型中的一个。RML 的全称是 requirement modeling language（需求建模语言），由《需求可视化：22 个需求模型及其应用场景》的两位作者开发。业务目标模型将业务问题可视化地与业务目标、关联的成功指标以及由此而来的解决方案概念联系起来（ArgonDigital 2022）。我们这本书的配套网站上简明扼要地描述了如何创建业务目标模型。图 2.4 展示了一个虚构网上订餐系统的部分业务目标模型，该系统旨在为电话订餐提供补充。本书后面还要进一步讨论这个系统。

如果是业务问题和目标相互交织的场景，建模就特别有实用价值。在这种情况下，一个问题引出一个目标，继而目标又引出一个更详细的问题，后者又引出另一个目标，以此类推，如图 2.4 所示。"目标链"是一种更复杂的

RML 模型，它将提议解决方案的特征与业务目标以定量方式联系在一起（Beatty and Chen 2012，中译本《需求可视化：22 个需求模型及其应用场景》）。目标链有助于分析哪些功能可以为企业或解决方案的用户增加最大的价值，因而可能最重要，需要优先实现。

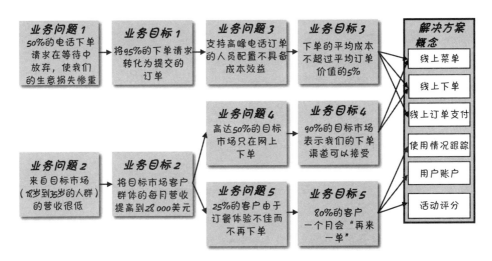

图 2.4　业务目标模型将业务问题、业务目标、成功指标和解决方案的初始想法联系在一起

2.2.3　成功指标

　　成功指标用于评估项目进展以及解决方案对目标的贡献。某些情况下，目标本身就适合直接度量。之前所说的业务目标"到 2024 年 10 月 1 日，大洋洲地区的市场份额提升到 45%"就是一个例子——前提是能够跟踪市场份额随时间的变化。

　　然而，许多业务目标既是滞后的指标（直到最后才能确定），还可能受非解决方案的其他因素的影响。在这些情况下，必须使用代理或代用的指标，以表明解决方案是否在实现总体业务目标的正确轨道上。

　　如果 2023 年制定的目标是"2030 年收入增长到 100 亿美元"，表明要等 7 年才能确定是否实现了这个目标。即使真的实现了这个目标，其中至少一部分增长可能也得归因于新的营销活动而不是产品本身。一些中期成功指标，例如新客数量或平均订单金额，可以让人们对解决方案达到预期目标有信心。

　　作为 BA，请确保选择的代理指标——跟踪指标[①]——的趋势与自己真正想要实现的目标成正比。

2.2.4　产品愿景

　　愿景声明（vision statement）是业务需求的另一个组成部分，它建立了一个高层次的战略目标，使所有项目参与者都能朝着同一个方向前进。愿景声明概括了解决方案的最终意图（Wiegers and Beatty 2013）。愿景声明用短短几句话来阐明问题的本质以及提议解决方案的性质、它的高层次功能及其对特定利益相关方的核心收益。

　　人们有时会把愿景和范围混为一谈，但两者其实并不一样。从产品愿景和项目范围的角度来考虑。产品愿景可能永远不会完全实现，项目范围则定义了任何特定项目或开发周期打算实现最终愿景的哪一部分。结合业务目标，愿景声明描述的是新产品如何使世界变得更好：目标客群是谁？产品是什么？为什么它比现在的更好？下面这个简单的关键词模板对编写愿景声明很有帮助（Moore 2014）：

对于	[需要或机会陈述] 的 [目标客户]，
[产品名称]	是一个 [产品或项目类型]，
它	[主要能力、关键利益、令人信服的购买或使用理由]，
有别于	[主要的竞争方案、当前系统、当前业务过程]，
我们的产品	[对新产品的主要差异和优势进行陈述]。

---

① 　译注：跟踪指标（tracking indicator）是代理 / 代用指标的另一种说法，是一种度量中间结果或进展的量化指标，用于评估解决方案是否朝着期望的方向发展，例如新客数量、平均订单金额、市场份额增长率等。通过跟踪这些指标的变化，可以了解解决方案是否取得了预期的效果，并据此进行调整和做出决策。

这个模板有助于思考愿景声明的各种要素，并以一致和简明的模式来撰写愿景声明。作为一个例子，下面是我们为这本书写的愿景声明，模板中的关键词汇用加粗的斜体字突出。

*对于*业务分析师、产品经理、产品负责人、需求工程师、用户代表、开发人员、测试人员以及负责需求开发和管理活动的其他团队成员，《*高质量需求*》是一本内容紧凑的书，*它*简明扼要地描述了所有软件和系统项目都应该应用的20个核心需求实践。每个实践都以务实的风格进行了很好的提炼和总结，让读者迅速理解它的重要性以及如何开始应用它。

有别于许多用几百页篇幅来涵盖数十种需求和业务分析技术的大部头书籍，*我们的产品*是一本简短的、可读性很强的书，它只关注20个基本实践（为成功的项目和需求征询、分析、规范、确认和管理奠定基础）。这种简洁和高度聚焦对忙碌的从业人员更有吸引力，他们能迅速找到自己需的有用的指导，还可以根据参考引文来进一步了解细节。

作为读者——我们的客户——你是判断我们是否实现了这一愿景的最终裁判！

创建愿景声明的时候，特别强调协作，因为大家需要对产品愿景达成共识。然而，我们不是要求几个利益相关方共同构思一份愿景声明，而是让他们使用这个模板独立写出自己的愿景声明。然后，对他们的结果进行比较。这样做更有启发性。这个练习可以暴露术语上的差异、目标的冲突、对不同用户群体的强调以及参与者必须解决的解决方案边界问题。

随着时间的推移，一旦团队成员对手上的工作做出无数个决定，就要始终牢记问题陈述、业务目标、成功指标和愿景声明。最后实现的解决方案交付的价值足以使组织达成其业务目标。经过沟通和澄清的业务需求可以为任何信息技术项目的回报奠定基础。

2.2.5　相关实践

以下 4 个实践与这里的实践 #2 相关。

实践 #1：三思而后行，谋定而后动。

实践 #3：定义解决方案的边界。

实践 #4：确定并描述利益相关方。

实践 #6：理解用户需要用解决方案来做什么。

2.2.6　思考与行动

1. 如果尚未制定愿景声明，就邀请推动项目的主要利益相关方就愿景声明达成共识。

2. 如果组织尚未制定模板，就草拟一个业务需求文档（或"容器"）模板并修改，使其可以适应项目的需要和性质。如果已经有模板，就把它与图 2.2 和图 2.3 中的内容进行比较，并适当进行调整。

3. 与合适的人合作，为项目制定几个可以量化的、可验证的业务目标，并确保正在进行或计划进行的工作与这些目标的实现是一致的。

4. 为每个业务目标定义成功指标，以衡量解决方案是否正朝着实现这些目标的方向发展。

5. 如果有多个相互关联的业务问题和目标，请绘制一个业务目标模型来显示它们之间的联系（参考图 2.4）。

2.3 实践 #3：定义解决方案的边界

在启动新的项目之际，通常都有资金来解决一个或多个业务问题，并可能从较高层次（high-level）的概念上提出解决方案。然而，对于解决方案应包含哪些内容或应排除哪些内容，我们可能尚未明确其界限。要取得成功，一个关键步骤是确立边界，以区分"包含什么，排除什么"。此外，还需要了解未来解决方案使用场景中需要做出哪些变更以及在哪里做变更。以下问题有助于澄清这一切：

- 哪些业务流程、功能和事件应纳入解决方案？哪些应排除在外？
- 哪些人将使用解决方案或从中获益？哪些人应该排除在外？
- 哪些软件系统构成解决方案的一部分？它们之间的接口如何？
- 每个系统的职责从何开始，又在何处结束？
- 哪些数据集、来源和操作必须纳入解决方案？
- 如何将解决方案整合到我们的其他领域？
- 如何确定何处应停止？

回答以上问题有助于业务分析师（BA）清晰界定哪些软件系统、硬件组件和手动操作属于待选解决方案的范畴。

2.3.1　完善解决方案概念

为了明确解决方案的界限，BA 和团队必须将预期的解决方案从抽象概念或功能列表细化为具体陈述，清晰列出需要构建或改进的内容。解决方案的界限如何设定，取决于业务目标以及对手动过程和自动过程的需求及其相对的成本（Robertson and Robertson 2013）。

假设当前项目是为某个餐馆实现线上订餐功能。目前，该餐馆只有两个信息系统：菜单库和下单系统。顾客通过电话或亲自向餐馆员工下单，员工随后将订单输入下单系统。下单系统检查菜单库，确保订单中的所有菜品均有供应。若供应充足，系统便会生成订单，通知厨师开始备餐。对于外卖订单，接单的员工会向顾客提供预计的备餐时间。目前尚未实现对订单状态的跟踪。

在预期的未来状态中，系统将集成线上下单功能，这可能涉及多方面内容。无论实现多少自动化，核心解决方案——让顾客在线下单并收到食物——保持不变。为此，我们只需引入一个新的系统，即线上订餐网站。基于这一前提，我们可以多种方式定义解决方案的边界。

1. 最简单的解决方案是一个基础的手动过程，顾客在线上提交订单后，订单被发送至餐馆员工，再由员工输入到现有的下单系统。

2. 一个半自动化的解决方案允许顾客在线上订餐，并将订单发送至餐馆的下单系统，但顾客无法在线上支付或在下单后接收状态更新。

3. 最终的全自动解决方案允许顾客在线上下单所有菜品，并在购买完成后动态更新菜单，支持线上支付、向餐馆下单、接收配送通知，并向顾客提供订单更新。这样，除了核心的线上订餐网站，其他系统（如支付处理、配送服务和订单跟踪）也纳入项目范围。

解决方案边界的选择依据包括：业务目标、产品愿景、约束（如在线支付的安全性需求）、时间表和资金。要考虑关键利益相关方所描述的、能满足其目标的最小产品/服务。将最初的简单解决方案概念细化为更丰富、具体的描述，有助于确定解决方案的哪些部分可以继续手动操作、哪些可以通过新的系统或现有系统实现自动化。

清晰的解决方案边界有助于团队评估新功能需求，确定它们应属于哪个系统。以前面餐馆的例子为例，一个简洁的解决方案是这样陈述的："一个完全自动化线上订餐和支付流程，需与第三方配送和自动订单跟踪服务集成。"

2.3.2　设定上下文

一旦 BA 完善了解决方案概念，就必须在公司现有软件环境中定位每个新的系统。从任何可用的文档开始，如系统目录或系统架构图（Lucidchart 2022a）。在此基础上，BA 可以为每个待开发的新系统创建环境图[①]（Weilkiens 2007，Wiegers and Beatty 2013）。图 2.5 展示了餐馆新的线上订餐网站的部分环境图。环境图中心的圆圈代表当前关注的系统，表示系统的边界。环境图不显示系统内部情况，仅显示其直接环境[②]。

顾客与线上订餐网站互动，浏览菜品，选择菜品，创建订单，以及使用有效的支付方式下单。为实现完全自动化，还需将新的线上订餐网站与现有菜单库和餐馆下单系统集成在一起。此外，还需要连接外部系统来处理在线支付。环境图中，圆圈外的矩形表示与中央系统交互的所有外部实体（external entity）。环境图使用称为"流"（flow）的箭头来显示每个实体和系统间的数据流动，用数据的高级描述标记每个流，如菜品和支付信息。

环境图明确了单一系统的范围，可能包括自动处理和手动操作。尽管这些操作可能作为同一项目的一部分构建，但圆圈外的实体不属于该系统。每个外部系统都可用自己的环境图显示其系统边界和环境。随着项目进展和对发布（release）期望有了更充分的理解，BA 可能发现系统还需要连接更多外部的实体。

与其他 BA 技术一样，环境图是一个有用的工具，能让利益相关方尽可能参与进来，达成共识并准确理解现状。最终得到的图可以用来正式划定系统边界。通过共同创建或审查环境图，潜在的问题可以得到充分的暴露和澄清。

---

① 译注：context diagram，又称"上下文图""范围图""背景图""脉络图"或"语境图"，用于表示系统或项目中各组件间的关系。

② 译注：所谓"直接环境"，即与系统圆圈直接连接的元素。

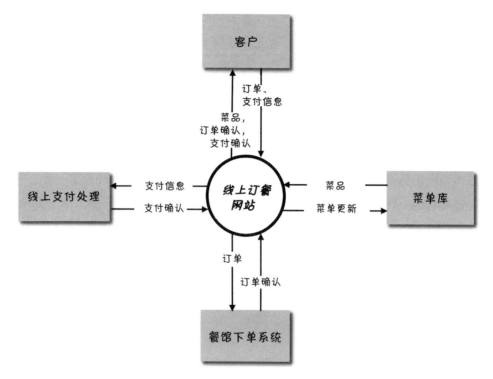

图 2.5　环境图显示新线上订餐网站的直接应用环境

2.3.3　扩展生态系统

　　基于环境图，我们可以确定用户类别、硬件设备以及与产品交互的其他相关系统。然而，环境图仅显示当前关注的系统与这些外部实体间的直接联系。相对而言，生态系统图（ecosystem map）超越了单一系统的直接环境（Beatty and Chen 2012）。它提供了总体解决方案的视图，包括特定应用领域（甚至整个公司）的所有系统及其间的高层次数据流。生态系统图有助于我们理解系统间数据交换产生的上游或下游影响。

　　图 2.6 展示了线上订餐示例的生态系统图。从中可见，预期的最终全自动化解决方案不仅包括新的线上订餐网站及其直接连接，还涉及对现有的餐馆

下单系统进行改进，使其与新的订单跟踪系统和外部第三方配送应用集成在一起。

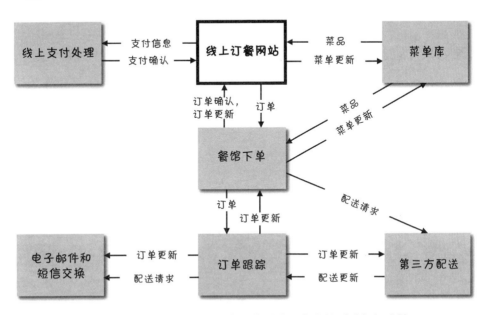

图 2.6　生态系统图显示餐馆当前系统和未来的系统如何连接

　　创建生态系统图时，首先列出解决方案领域中的系统。若无完整的系统清单，则从感兴趣的系统及其直接连接开始。在此基础上，检查每个连接的系统及其附加连接，每个系统用框表示。向外扩展，直至覆盖整个解决方案领域。

　　接下来，检查这些系统以确定哪些系统在交换数据。寻找同步（API 调用）和异步（基于消息）的集成，以及基于文件的连接和直接数据库连接。用箭头连接相关系统，指明每个数据流的方向，方式与环境图相同。

　　在完成生态系统图时，请在箭头上标注通过当前连接共享的数据高级描述。结合生态系统图和环境图，我们可以看出谁在使用目标系统，并展示多系统的总体视图。如果组织内有多个项目和产品，有望通过重用生态系统图来实现更高的效率。

2.3.4　应用解决方案边界

　　BA 和团队在定义好解决方案边界后，在整个项目生命周期中，该边界对范围定义、产品路线图和发布计划具有重要价值。一个完整的线上订餐自动化最终解决方案可能需数月完成。在迭代项目中，团队将完整实现分解为一系列发布或开发增量，每个发布提供总体解决方案中的一个有用部分。这种策略允许业务在所有功能开发完成前就开始实现目标。

　　为迅速吸引那些仅在线上下单的顾客，团队的首个发布可能只包括建一个线上订餐网站，并将其与现有菜单库和下单系统集成在一起。顾客仍然需要亲自到店用餐并支付订单。后续发布将逐步增加完整线上订餐流程所包含的各种功能。表 2.1 展示了如何通过几个开发增量和产品发布实现最终解决方案。

表 2.1　发布目标示例

发布	发布目标
1	建立线上订餐网站，并将其与现有菜单库和餐馆下单系统集成
2	增加在线支付处理，允许下单时同步付款
3	实现订单跟踪并与第三方配送服务集成
4	向顾客提供自动订单和配送更新通知

　　在生态系统图或环境图中分析每个接口，通过征询的方式获得外部接口需求和约束。例如，第三方配送系统可能已有定义好的技术接口，所有用户都必须遵守。这些接口便是下单系统与第三方配送产品的集成方式的约束（限制条件）。

　　一旦出现新的需求，就使用产品愿景、业务目标和解决方案边界来决定是否应实现每个需求。假设收到新的需求，希望将下单系统与一个或多个第三方订餐系统集成。基于当前解决方案边界，此功能不在范围内。因此，可单独立项投资。另外，管理层可能选择扩大项目范围以解决此额外需求，并根据需要提供额外的资源和时间（这只是我们喜欢开的一个小玩笑而已）。

清晰定义的解决方案边界和连接模型有助于 BA 解释特定功能的必要性。或许有人会问，线上订餐网站为什么需要更新菜单库？如图 2.6 所示，既然下单系统在备餐期间更新了菜单库，那么线上订餐网站是否也必须这样做？

实际上，如果订餐网站在顾客下单后没有立即更新菜单库，即使时间短暂，网站上的菜单也会过时，无法反映当前的库存水平。完全可能有人在菜品售罄前下单而导致菜品缺货——尽管实际情况是还没有备餐。若菜单库没有得到及时更新，其他顾客可能下单同一种菜品，最终被告知售罄，从而引发不满。本书作者之一卡尔便有过这样的经历，让他感到非常恼火。利用业务目标、解决方案边界和生态系统图，BA 可为每个需求提供解释，阐明其作为解决方案一部分的原因。

解决方案边界也可以用于决定哪个产品组件应具备哪些功能。将需求适当分配给系统、子系统和人员，对业务信息系统及包含软硬件元素的复杂产品至关重要。分析数据输入输出，可以帮助 BA 了解哪些系统或功能生成了特定数据对象，哪些使用了这些数据对象。

通过将解决方案概念细化为一组确定的组件和边界，BA 可以确保解决方案范围——包括新开发、改进、集成和手动操作——得到充分理解并被传达给所有利益相关方。

2.3.5　相关实践

以下两个实践与这里的实践 #3 相关。

实践 #2：定义业务目标。

实践 #8：评估数据概念和关系。

2.3.6 思考与行动

1. 如果还没有这样做，请尽早与利益相关方合作，确保每个人都清楚团队要创建的解决方案边界。参考业务目标，并确定实现这些目标所需要的最基本且必要的变更。

2. 创建环境图和生态系统图，全面了解解决方案的组成部分和边界。寻找这些工件的现有示例，并进行适当更新。

3. 利用环境图和生态系统图评估当前要求实现的功能。根据为解决方案定义的边界，确认它们确实属于当前的项目。如果不属于，可以把这些要求推迟至未来的项目或重新定义解决方案边界。

4. 检查生态系统图，确定哪些系统需要变更，虽然它们与产品无直接联系但由于解决方案需要与其他相关系统交换数据。与这些相关系统的负责人合作，确保每个人都理解并承诺必要的变更。

2.4 实践 #4：确定并描述利益相关方

每个项目都有利益相关方（stakeholder）。利益相关方是积极参与项目的个人、团体或组织，它们会受项目的影响，或者会影响项目的方向。所有利益相关方的利益在需求活动中都有交集（Wiegers 2022）。咨询专家和技术作者蒂姆·李斯特（Tim Lister）如此描述项目的成功：“满足关键利益相关方期望的所有需求和约束的集合。”这些利益相关方为 BA 提供必要的信息来帮助 BA 理解业务问题或机会。合适的利益相关方能描述当前状态及向更好未来状态转变所需的变化。根据他们的输入（意见），BA 可以定义一个恰当的解决方案需要的能力和特征，并对提议的解决方案进行确认（validate）。

尽早确定项目的重要利益相关方群体并决定如何与他们充分接触，这一点至关重要。如果忽视了某些利益相关方，可能会导致需求差距或未知约束。如果到后期才发现，甚至可能产生破坏性的影响。一些利益相关方设定了项目的方向，并拥有关键决策权。还有一些利益相关方不提供任何输入，给什么就是什么。但大多数利益相关方群体的影响力和参与度各异，重要的是要确定参与各种决策最多的那些利益相关方（参见 2.5 节"实践 #5：确定有决策权的人"）。

只是确定并描述利益相关方类别的特征还不够。同时还必须从这些群体中选出合适的代表来参与需求活动。即便如此，利益相关方的问题仍然可能导致需求问题。角色的缺失、参与者的缺席以及无效的代理人都可能导致需求错误，以至于后期要花费更大的代价来进行修正。

2.4.1　寻找利益相关方

项目的业务目标和愿景声明为寻找利益相关方提供了一个起点。在 2.2 节"实践 #2：定义业务目标"的示例愿景声明中，开头第一句话是这样的：

> **对于**业务分析师、产品经理、产品负责人、需求工程师、用户代表、开发人员、测试人员以及负责需求开发和管理活动的其他团队成员……

"对于"这个关键词之后的人员名单就是初始的利益相关方。

在此基础上继续寻找利益相关方，要广撒网，减少忽略重要群体的机会。为节省时间，可从以往项目中积累的利益相关方名录着手。扫视该名录，看看是否有相同的群体与当前项目有关。随着完成的项目越来越多，可以逐步建立一个利益相关方名录，将它作为一个宝贵的可重用资产来启动下一个项目。组织结构图有助于发现其他潜在的利益相关方。

还可以参考典型利益相关方类别的综合清单，寻找其他可能性，如表 2.2 所示（Wiegers and Beatty 2013）。有的利益相关方就在开发团队中，其他的在开发组织的其他地方工作，还有更多的在开发组织外部。

表 2.2　一些常见的潜在软件项目利益相关方和他们可能出现的地方

地点	类别	
开发团队	应用程序架构师	基础设施分析师
	业务分析师	产品经理
	数据分析师	产品负责人
	数据库管理员	项目经理
	数据库设计师	质量保证人员
	开发人员	软件设计师
	文档工程师	测试人员
	硬件工程师	用户体验设计师
开发组织内部	公司负责人	营销人员
	合规	运营支持
	合同经理	负责连接系统的人员
	开发经理	投资组合架构师
	执行发起人	过程分析师
	信息架构师	项目经理
	基础设施支持	项目管理办公室（PMO）
	安装人员	销售人员
	法务	安全性分析师
	维护人员	培训
	生产	
开发组织外部	审计师	普通大众
	Beta 测试人员	政府机构
	业务管理	间接用户
	认证机构	原材料供应商
	合规审核员	采购部门
	咨询专家	采购人员
	合同办公室	监管机构
	承包商	股东
	客户管理	软件供应商
	直接用户	主题专家（SME）
		风险投资人

有些利益相关方主要对项目本身感兴趣，另一些则对项目交付的解决方案感兴趣。例如，用户并不关心产品是如何构建的，只要能让他们有效完成工作且不会有太多的挫折感即可。在寻找利益相关方时，可以考虑下面这些问题（Leffingwell 2011）：

- 谁会影响或控制项目的预算和进度？
- 谁能阐明项目的业务目标？
- 谁会直接使用该产品？谁会间接使用？
- 谁来负责其他系统或项目，这些系统或项目是会影响你的系统或项目还是会受到你这个系统或项目的影响？
- 谁可能有法律、法规、监管或过程方面的影响？
- 谁来管理与客户、供应商和承包商的业务关系？
- 该系统会影响谁的业务过程？
- 谁要提供解决方案所需要的任何数据？
- 谁了解任何相关的项目、产品或过程约束？

在积累了一份利益相关方名单后，再邀请其他利益相关方共同审查。他们往往知道还应该邀请其他哪些人加入。

2.4.2　利益相关方、客户和用户类别

利益相关方、客户、顾客和用户这几个术语有时可以换着用。但从表 2.2 中可以看出，只有特定的利益相关方才是客户，也只有特定的客户才会使用产品。有些客户虽然会提出解决方案的需求、评估候选产品、提供数据或采购产品，但自己并不会使用产品。信息系统的其他非用户仍然可能是利益相关方，因为在业务过程中，既包括计算机任务，又包括手动操作。软件系统可能对这些手动操作产生影响。这部分系统用户和受影响的非用户统称为"过程工作者"（Blais 2012）。

不要把用户当作"用户"这样的单一群体。几乎所有产品都有若干个（有时是很多个）用户类别。不同用户类别的成员在其使用的功能、执行的任务、使用频率、位置、访问或权限级别、教育或经验水平以及其他方面可能存在一定的差异。许多用户直接与信息系统交互。间接用户则向其提供输入或从其接受输出，并不直接与系统交互。用户类别还可能是从产品获取服务的其他软件系统或硬件设备。

将每个用户类别都视为单独的利益相关方细分类别，因为 BA 需要与每个类别的代表合作以了解他们的需求。不同用户类别的需求有重叠，这是很常见的。某些用户群体可能比其他用户群体更受青睐，因为他们的利益与项目的业务目标更加一致（Gause and Lawrence 1999）。对需求的优先级、提议的需求变更和其他类似问题进行决策时，这些群体相比其他群体应该更有话语权。确定受青睐的用户类别之后，一旦不同用户类别之间出现优先级和功能冲突，我们将更容易做出决定。

为了说明产品有不同的用户类别，我们假设有一个虚构的出版平台 Speak-Out.biz。作者可以在该网站发表自己喜欢的文章，主题不限。读者可以查看文章、对文章进行评论并订阅自己喜欢的作者。作者可以将自己的文章提交给众多出版物中的任何一个，这些出版物汇集了不同主题的文章。编辑选择是否将提交的文章纳入其出版物。在这个简短的描述中，我们命名或暗示 Speak-Out.biz 有下面几类用户：

- 作者
- 读者
- 出版物的编辑
- 管理员

每类用户都有自己希望在平台上执行的各种任务、特定的使用权限以及对产品特定功能和质量的期望。为了推出这样的出版平台，我们需要确定各类用户的特征，然后寻找合适的用户代表来了解每个群体的需求和约束。我们将在接下来的一些实践中重新审视 Speak-Out.biz。

2.4.3　确定利益相关方的特征

项目的早期，要分析进而了解谁是利益相关方、每个群体在项目中的利益及其对项目的影响、他们的期望和关注（Gottesdiener 2005, Lucidchart 2022b）。可以提出下面几个问题来充分理解每个利益相关群体（McManus 2005, Wiegers 2022）：

- 他们是谁？他们有多少人？
- 他们在哪里？与他们沟通的最佳方式有哪些？
- 他们在项目中扮演什么角色？
- 他们对项目有多大的权力或影响？
- 他们有哪些利益、担忧和恐惧？
- 他们希望从产品中得到什么好处？他们分别有哪些需求、期望和成功标准？
- 关于操作、技术、数据等，他们能提供哪些信息？
- 他们需要了解项目的哪些方面？
- 如果是用户，他们会如何使用该产品？

表 2.3 是一个简单的模板，以 Speak-Out.biz 的某一类利益相关方为例，说明每一类利益相关方简介中需要记录哪些信息。组织可以把来自多个项目的这些资料汇总为一个可重用的企业级利益相关方名录。利益相关方简介要放入愿景和范围文档模板的 3.1 节，如图 2.2 所示。如果已经有一个利益相关方名录，就可以直接引用愿景和范围文档内这一节中相应的条目，不必重复这些信息。

表 2.3 Speak-Out.biz 利益相关方简介示例（部分）

利益相关方	角色	利益	影响	需求	关注点
作者	撰写、编辑和发表文章；跟踪统计信息和收入	利益＝高；接触到广泛的受众；通过文章产生收入	权力＝低；可以申请功能，并报告问题或滥用情况	易于使用的文本编辑器；向出版物提交文章；可定制的统计报告	所发表文章的完整性；平台的长期稳定性

　　有了利益相关方名录，下一步便是确定能准确代表每个利益相关群体利益的个人，并商定他们如何与 BA 和其他团队成员展开合作。确保这些代表在必要的时间范围内有足够的能力为该项目做出贡献。与内部人员相比，在开发组织外部寻找利益相关方并与之交互可能更具有挑战性。然而，由于其权力、责任、对资源的控制或者政治 / 法律 / 监管的影响，他们的参与可能至关重要。

　　要考虑这几个因素：每个团队是否是开发过程的合作者、是否可以对项目的某些方面做出最终决定、是否应该就特定问题咨询他们的专业知识或者只需告知可能对其产生影响的进展和决定（Leffingwell 2011）。一些团队创建 RACI（责任分配）矩阵来确定利益相关方的角色及其在项目中的责任。RACI 矩阵可以显示哪些利益相关方是负责的（Responsible，干活的）、担责的（Accountable，拍板做决定的）、待咨询的（Consulted，顾问，专家团）或者待告知的（Informed，只需及时通知他们即可）（Morris 2022）。

　　作为 BA，确保自己知道哪些人是每个利益相关方群体的代言人。对于用户代表这个重要角色，可以选择产品代言人（product champion），后者适用于大多数情况（Wiegers and Beatty 2013）。产品代言人指的是特定用户类别中已指定、被授权的关键代表。产品代言人通过访谈、工作坊、原型评估和其他合作活动与 BA 紧密协作以征询和确认需求。产品代言人为特定类别的用户代言。如果不能直接接触实际的用户代表，那么仍然必须有人作为代理，为每类用户的需求代言。

　　早期花在利益相关方分析上的时间看似耽误了真正的软件相关工作。但事实上并非如此,利益相关方分析,就是真正的工作,需要确保正确的人员参与合作,为软件的成功建立一个坚实的基础。

2.4.4　相关实践

　　以下 6 个实践与这里的实践 #4 相关。

　　实践 #1:三思而后行,谋定而后动。

　　实践 #2:定义业务目标。

　　实践 #3:定义解决方案的边界。

　　实践 #5:确定有决策权的人。

　　实践 #6:理解用户需要用解决方案来做什么。

　　实践 #13:需求优先级排序。

2.4.5　思考与行动

1. 检查表 2.2,看看项目是否忽略了任何可能的利益相关方。

2. 确定每个关键利益相关方群体的特征,准确物色合适的代表,并就如何与他们接触达成一致。

3. 为利益相关方名录创建一个模板,并立即开始填入当前项目的利益相关方信息。如果组织做的项目中有一些利益相关方反复出现,就建立一个机制来维护这个名录以便将其重用于未来的项目中。

4. 确定重要的用户类别。注意其中更受青睐的用户类别。明确由谁来提出每个用户类别的需求、约束、依赖和风险。保证这些人有足够的知识和权力来履行其代表的角色。

2.5 实践 #5：确定有决策权的人

每个项目都需要连续做出大大小小的决定。有些决定可以由个别团队成员当场以非正式的方式做出；但有些问题因为影响范围更广，所以不能由个人来拍板。对于需求问题，我们往往需要在深思熟虑后做出决定，这就需要从多个渠道收集信息，让合适的利益相关方评估不同的选择，并将结果（包括原因）告知所有会受到影响的人。与需求相关的常见决策如下：

- 解决同一个用户群体内部或不同用户群体之间的需求冲突；
- 对不同类型的需求进行优先级排序；
- 解决不同利益相关方之间的优先级冲突；
- 根据新出现的需求和项目实际情况的变化调整优先级；
- 在相互冲突的质量属性之间做出平衡；
- 确定开发增量或发布的数量和范围；
- 决定哪些新的需求或变更的需求应该纳入开发计划（即管理产品待办事项列表，product backlog）；
- 决定何时以及如何调整计划中的开发增量、产品发布或整个项目的范围。

有些组织（和个人）在决策上表现得更好。本书作者之一卡尔在前东家工作时，发现决策过程非常缓慢，因为没有人愿意让任何人对结果感到不舒服。但这并不现实。有位同事曾说："这家公司不民主。"任何时候，都必须有人来决策并确定方向，把大家团结起来，朝着共同的目标迈进。与优柔寡断的管理者打交道，确实令人沮丧，因为他们从来不在自己的职权范围内果断做出决定。卡尔更尊重那些勇于做出决策的管理者，哪怕他自己并不总是同意他们的决定。

确定需求问题的决策者非常重要。项目领导应该在团队面临第一个重要决策之前就确定好决策者。一旦确定了决策者，就可以确保决策尽可能在较低的层级上做出。相比将芝麻小事上报给高层，现场决策往往能够更快解决问题。

每个团队还应该就如何得出结论达成一致（换句话说，他们需要确定使用哪些决策规则），以及当他们无法解决某个问题时如何进行下一步。

2.5.1　谁来做决定

至于每类决策的合适人选，则需要视情况而定。那些影响时间表、资源和现有承诺的重大范围问题牵涉高级经理或高管。这些管理人员可能来自开发组织、客户组织、市场部门或者这些组织的组合。单一的需求变更如果引发了多个相互关联的元素发生变动，就会产生很大的涟漪效应。只要其中任何一个部分受到影响，都需要让其代表知晓决策后果，即使他们并没有全部参与决策。

确定需求问题的决策者是利益相关方分析的组成部分。最靠近项目业务目标的利益相关方，如受青睐的用户类别，其意见应当最重要。那些施加约束（包括范围、资源、监管、法律、业务策略或技术限制）的利益相关方可能会推翻其他群体提出的、与约束相冲突的功能需求。针对哪些利益相关方对哪些重要决策有最大的贡献达成共识之后，群体可以更快得出结论，甚至可能减少不必要的争吵。

每个决策群体都应该确定一个决策领导者来协调其活动。这样做的目的不是增加官僚主义的开销，而是建立明确的责任、权力和问责制度。一个群体可能认为他们有权对某一范围的问题做出决定。但如果其他人可以推翻他们的选择，那么这个群体实际上就只是一个咨询主体，因为"其他人"才是最终的决策者。决策领导者要明确所有这些角色和责任，以避免延误、不确定、重复决策和造成不愉快等后果。

在典型的敏捷项目中，产品负责人（product owner，PO）是需求相关问题的决策领导者。这与 PO 的职责是一致的，即创建、优先级排序和管理产品待办事项清单中的工作事项，引导团队实现期望的结果（Agile Alliance 2022a）。PO 这一核心角色有时被描述为出现问题时"唯一承担决策后果的人"[①]（Bernstein 2016）。

---

① 　译注：原文为 single wringable neck（唯一可以拧断的脖子），一句很形象的玩笑话。

本书作者之一卡尔曾经是一个大型项目的首席 BA，他组建了一个用户需求团队，其中有来自 4 个用户类别的代表，即 2.4 节"实践 #4：确定并描述利益相关方"所提到的产品代言人。数量最大和最多样化的用户类别需要来自几个小的细分群体的额外代表，以涵盖需求的广度。一旦小的细分群体出现分歧，该用户类别的产品代言人便有充分授权来做出最终决定。然而，他也做到了！其他参与者尊重产品代言人的经验、智慧和结论。几个精心挑选并有充分授权的用户代表可以代表各自的团体做出需求决策，这样一来，三名 BA 的工作就变得轻松许多了。

2.5.2　他们如何决定

很多时候，当人们开始共同完成某个项目时，并没有讨论具体应该如何合作。合作的一个重点——有时是对抗性的——是做出一些会影响项目方向且影响力更大的决定。当卡尔开始首次合作写书时，他和自己的搭档花了很多时间来计划合作方式，其中包括如何处理关于特定主题的冲突。任何参与多人活动的人，都应该提前展开这样的讨论，以免后期发生冲突。

与需求有关的决定都应该把业务需求作为其指路明灯。作为 BA，要依赖业务目标来做出选择，将工作的重点放在交付预期的价值上。有些团队把业务目标、愿景声明和范围描述写在一张大的海报上。在讨论需求的时候，他们会带上这张海报（或者在虚拟会议开始时作为回顾性幻灯片来展示），以帮助他们选择合适的行动路线。这些行动旨在提醒所有人大家正在共同努力实现同一个目标。

所有决策的目标都基于准确的信息、深思熟虑的分析和理智的协商，在相互尊重的前提下快速形成共识决策。用于做出决策的过程称为决策规则（decision rule）。下面展示了许多可能的决策规则（Gottesdiener 2002，Pichler 2016）。

- 全票通过（unanimous vote）。参与者对多个选项进行投票，对于解决问题的方式，所有人的投票结果必须一致。让一群利益主张不同的人全票通过某个结果，可能很费时，有时甚至不可能。如果能全票通过，就可以为决策提供最有力的团体承诺。如果取得全员的认同至关重要，那么外部引导师可以帮助团体实现全票通过或者达成共识（参见下一条规则）。

- 达成共识（consensus）。所有参与者都同意接受团体最终的决定，尽管在对决定的承诺和对决定的舒适度上，不同的人可能有所不同。达成共识并不像全票通过那样强大。为了达成共识，往往需要展开大量的讨论和做出适当的妥协。相比一次简单的投票，它需要的时间更长，但建立共识的过程可以帮助大家对重大决策取得更高度的认同。

- 多数投票（plurality Vote）。决策者对多个选项进行投票，得票最多的选项成为最终决定。多数投票最适合有几个明确选项的低影响力决策。

- 决策领导者决定（decision Leader Decides）。相比团队，个人能够更快做出决定。取决于决策领导者对该问题的了解和及其专长，他既可以征求其他人的意见，又可以自己得出结论。征求其他人的意见更看重协作并促使那些受到决策影响的人能够对结果做出更有力的承诺。如果人们觉得自己的声音不能在决策领导确定方向之前被听到，对结果的满意度就会降低。

- 委托（delegation）。决策领导者任命具有相应知识的其他人来做决定。领导者不宜假借委托来使自己免责（为代理人选择的任何行动路线）。将决定权委托给其他人，表明自己对代理人经验和判断力的信任。然而，如果决策领导者推翻代理人的决定，就会破坏这种信任，实际上又回到"决策领导者决定"这个规则。

没有普遍适用于所有情境的决策规则。换言之，没有什么所谓无比正确的规则。尽管如此，每一个必须对需求问题做出决定的团队都应该对其程序达成一致，然后遵循程序照章办事。

2.5.3   决策确定后会怎样

对任何会议或讨论而言，最重要的成果莫过于待落实的行动事项、待解决的问题以及最后做出的决定。当事后有人不知道结果、不同意结果或者不理解为什么会这样决定时，这些决定就会重新浮现。团队要记录重大决定以及每个决定背后的理由。这种记录可以让没有参与讨论的其他人了解决定会带来的结果。团队要讨论如何向其他可能质疑该决定的人证明其合理性。

非当场决定的结果也需要传达给那些受到决定影响的人。如果不进行明确和及时的沟通，团队成员可能会实现被取消或推迟的需求、误解优先级或以其他方式导致工作中产生分歧。项目参与者一旦了解重大决策背后的原因，就可以更好地合作，齐心协力朝着共同的目标迈进。

2.5.4   相关实践

以下 5 个实践与这里的实践 #5 相关。

实践 #3：定义解决方案的边界。

实践 #4：确定并描述利益相关方。

实践 #9：征询和评估质量属性。

实践 #13：需求优先级排序。

实践 #20：有效管理需求变更。

2.5.5　思考与行动

1. 回顾本小节开始时列出的常见需求决策，看看哪些决策最接近自己当前的场景。在你做的项目中，有没有此处没有列出的其他需求相关决策？

2. 在上一步行动中，是否清楚每个类别的决策人？如果不清楚，请立即马上确定。

3. 如果有些利益相关方群体参加了前几步的重大需求决策，就确定他们选择的决策规则是否合适。如果已经选择了决策规则，就了解一下他们是否经常应用这些规则以及这些规则是否能够充分发挥作用。如果他们对决策规则还没有什么想法，就帮助他们做出选择。

4. 建立一个惯例（约定）来规定项目应该如何记录关键决策并将其传达给那些需要了解这些决策的利益相关方。

第 3 章
需求征询

处理需求的第一步是得到需求。人们经常说"收集需求"或者"获取需求"，认为这似乎只是一个简单的收集过程：需求就在人们的脑海中，而业务分析师只是收集并把它们写下来而已。绝对没有那么简单！摆在我们面前的现实是，利益相关方从随机的信息碎片开始，收集、整理、分析和萃取对当前系统的不满、想要的一些功能、要执行的任务、重要的数据以及对视觉呈现的想法。

对于这种基础性的活动，需求征询（requirements elicitation，又称"需求启发"[①]）是一个更好的术语。"征询"的意思是把需求引出来或带出来，特别是那些隐藏或潜在的东西。《韦氏同义词词典》（Merriam-Webster Thesaurus，2022）如此定义："征询通常意味着引出响应需要的努力或技能。"这种技能是业务分析师为软件开发带来的重要资产。需求征询确实涉及收集，但它还涉及探索、发现和发明。BA 负责引导这个富有想象力的过程，与不同的利益相关方合作，共同理解问题并最终定义一个令人满意的解决方案。BA 从许多来源寻找潜在的需求，具体有以下来源：

- 用户代表和许多其他利益相关方；
- 关于业务过程、当前系统和竞争产品的文档；
- 法律、法规和业务策略；
- 现有系统，可能有文档，也可能没有；
- 用户问题报告、服务台记录和支持人员。

① 译注：elicitation 一词从人类学、认知科学、咨询、教育、知识工程、语言学、管理、哲学、心理学或其他领域中借鉴而来，用于收集数据、知识或信息。

有经验的 BA 会利用多种技术进行征询，并为特定的情况选择合适的工具。在选择征询方法时，需要考虑几个因素：需要的信息类型；谁拥有这些信息、这些人在哪里以及他们有没有空或者有没有兴趣；该方法需要的工作量；可用的预算和时间；开发团队采用的生命周期模型和方法；开发组织和客户组织的文化（IIBA 2015）。

本书没有详细介绍征询技术，因为这些技术在其他资源中有非常详尽的描述（例如 Davis 2005，Robertson and Robertson 2013，Wiegers and Beatty 2013，IBA 2015）。表 3.1 列出了几种常见的征询活动和典型的参与者。

表 3.1 一些常用的需求征询技术

参与者	活动
业务分析师	文档分析
	现有产品和过程分析
	系统界面分析
	用户界面分析
	数据挖掘和分析
业务分析师和利益相关方	访谈
	引导式小组工作坊
	场景分析
	观察用户的工作情况
	过程建模
	焦点小组
	头脑风暴
	思维导图
	原型设计
	协作工具（例如维基和论坛）
	问卷和调查

本章描述以下 4 个核心实践，这些实践对功能需求和非功能需求的征询尤其有价值。

- 实践 #6：理解用户需要用解决方案来做什么。
- 实践 #7：确定事件和响应。
- 实践 #8：评估数据概念和关系。
- 实践 #9：征询和评估质量属性。

3.1 实践 #6：理解用户需要用解决方案来做什么

如果和一些用户就新的信息系统进行需求征询讨论，你认为哪些问题能产生最重要的见解？

- 你想要什么？
- 你的需求是什么？
- 你希望系统能做什么？
- 你希望在系统中看到哪些功能？
- 你需要用这个解决方案来做什么？

我们认为最后一个问题能够产生最重要的见解。虽然前面 4 个问题可以提供一个很好的起点来询问利益相关方为什么想要这些东西，但它们都是在询问解决方案，而不是询问用户有哪些问题、需要或目标。专注于具体功能会导致团队实现的功能不完全，无法让用户做他们必须做的所有事情。以功能为中心（feature-centered）的思维方式也会导致构建一些看似好主意的功能，但由于与用户的任务没有直接关系，也会导致最终无人使用。无论采用什么开发方法，如果不理解用户需要用他们要求的功能来做什么，最终就有可能发布一个事后肯定要返工的产品。

如果专注于解决方案的征询问题，其局限性如何呢？对此，卡尔深有体会。某公司举办了为期一天的工作坊，大约有 60 个人参加，他们为一个大型的新商业产品做头脑风暴。他们把 6 个小组的输出装订在一起并称之为"需求规范"。然而，它并不是真正的需求文档。它由功能片段、功能描述、用户任务、数据对象和性能期望以及不相干的信息混杂而成。所有这些搅和在一起，没有结构，也没有组织。仅仅要求人们想象他们希望在新产品中看到什么，并不足以生成具有可操作性的需求知识。在工作坊结束之后，还要进行更多需求开发工作。

3.1.1　专注于使用

进行需求讨论时，询问"你需要用这个解决方案来做什么？"是一个更有效的开端。通过理解用户需要做什么，BA 可以推断出需要什么功能。一个以使用为中心（usage-centric）的方法可以使得解决方案更有可能满足用户的需求，再加上必要的能力，不至于在不必要的功能上浪费开发时间和精力（Wiegers 2022）。

故事、场景和用例是一个共同主题的变化形式：要求用户描述他们如何与软件系统或业务进行交互以实现一些目标（Alexander and Maiden 2004）。这些对用户目标和交互的描述构成了用户需求。用户需求出现在图 1.1 的需求信息模型的中间部分，图 3.1 进行了重复。用户需求与愿景和范围文档中的业务目标相一致，有助于解决已确定的业务问题。

图 3.1　用户需求位于业务需求和解决方案需求之间

3.1.2   征询用户需求

启动某个应用程序的目的并不是使用其特定的功能，而是想要做某事。虽然用户很难阐明自己的"需求"，但他们可以轻松地描述如何执行某项业务活动。在征询讨论期间，BA 可能会问某个用户代表："请描述一下你用我们讨论的这个产品来进行的某次会话。你试图完成什么？你认为你与系统的会话如何进行？"对交互会话的描述称为场景（scenario，又译为"情境"）。

场景确定一系列步骤，定义实现特定意图的一项任务（Alexander and Maiden 2004）。在要求用户描述使用场景时，用户通常从自己平常进行的最典型或最频繁的活动开始，这有时称为"正常流程"（normal flow）、"主要流程"（main flow）、"主要成功场景"（main success scenario）或"快乐路径"（happy path）。从这个初始场景开始，BA 可以和用户探索替代场景（或替代流程，即 alternative flow），这些变化形式也会取得一个相应的成果。他们还可以讨论异常（exception），即可能阻止一个场景成功结束的条件 / 情况。

要组织这些相关情景，一个有效的方法是用例（Cockburn 2001，Kulak and Guiney 2004）。用例（use case）根据一个模板来组织所有这些信息（具体将在下一节描述）。用例可用于帮助团队获取并组织规模可观的任何系统所涉及的大量需求信息。如果某个参与者说"我想 < 做某事 >"或"我需要能 < 做某事 >"，那么 < 做某事 > 就可能是一个用例。

不同用户类别有不同的用例，即需要用解决方案来完成的不同的事情。因此，最好对每个用户类别的成员分别进行小组征询活动。表 3.2 列出了 2.4 节"实践 #4：确定并描述利益相关方"中虚构的 Speak-Out.biz 出版平台的每个用户类别的一些用例。

表 3.2 几个 Speak-Out.biz 用户类别的一些用例

用户类别	作者	管理员	读者	出版物编辑	管理员
用例	起草文章 编辑文章 发表文章 向出版物提交文章 查看文章统计	回应读者投诉	阅读文章 评论文章 订阅作者	创建新的出版物 接受或拒绝提交 的文章 回复作者	停用作者账户

每个用例的名称都是一个简洁的陈述，清楚地表明了用户的目标，即用户希望实现的价值。注意，表 3.2 的所有用例都以一个明确的动作动词开始。这是一个标准的用例命名约定。

敏捷项目经常依赖用户故事（user story）作为讨论系统能力的技术。根据敏捷专家迈克·科恩（Mike Cohn）的说法："用户故事描述了对系统或软件用户或购买者有价值的功能。"（Cohn 2004）用户故事刻意写得很简短，可以作为进一步探索其细节的起点，以便开发人员掌握足以实现该故事的知识。用户故事遵循一个简单的模式，示例如下：

作为 < 用户类型 >，我想 < 执行某个任务 >，以便 < 实现某个目标 >。

用户故事应侧重于用户需要用解决方案来做什么，而不是描述系统功能的细节。这样的用户故事可以作为"以使用为中心"的探索的目标。我们可能从 Speak-Out.biz 作者那里听到下面这样的用户故事：

作为作者，我想查看我发表的文章的页面浏览统计数据，以便看到我的读者最喜欢哪些主题。

这个故事强调表 3.2 中"作者"用户类别最后一个用例的部分功能，即查看文章统计。借助于用户故事的格式，我们能够很方便地命名用户类别并描述其意图。这些信息最后出现在用例规范中，但能像这样提前看到，显然是很有帮助的。

关于用例是否适合敏捷开发，一直争议不断。这里不打算重提这些争论，但简短的回答是肯定的，适合（Leffingwell 2011）。用例和用户故事各有其优势和不足（Bergman 2010）。两者都可以用于探索用户需要用解决方案来完成什么任务。

BA 面临的挑战是对描述一个会话的特定场景进行排查，并考虑如何将其概括为逻辑上相关的一系列场景。换言之，BA 要从具体场景上升到更一般的用例抽象层次。类似地，在敏捷项目中，BA 可能注意到相关的用户故事能够抽象为一个更大的史诗（epic），要由好几个迭代来实现。这种抽象层次的提升有助于更好地理解和管理需求。

在其他时候，征询的参与者可能从一个复杂的使用情境描述开始，BA 意识到应该把它分解为多个用例。这些单独的用例通常可以独立实现和执行，尽管在执行过程中可能会有几个用例串联起来以执行一个更大的任务。在敏捷项目中，如果一个用户故事太大以至于无法在一次迭代中实现，就可以把它分解为几个小故事。像这样在不同抽象层次进行演进是探索用户需求过程中不可缺少的一部分。

用例促进了自上而下的思考，描述了多个场景，并充实了用户与系统交互的细节。用例为组织相关的信息片段提供了一个上下文。史诗在敏捷项目中发挥着类似的自上而下的作用。用户故事描述了较小的用户目标或者系统功能的一部分，没有太多的上下文或细节。故事通常比用例小，描述了足以在一次开发迭代中实现的功能"切片"。相关的用户故事可以分为一组，并被抽象为一个用例或史诗。无论用例还是用户故事，无论自上而下还是自下而上，只要将重点放在使用上，任何方法可能都是有效的。

3.1.3 用例剖析

有别于简单的用户故事格式，用例规范遵循一个内容详尽的模板，如图 3.2 所示（Wiegers and Beatty 2013）。可以从本书配套网站下载该模板。用例描述的一个集合可以作为表 3.3 中的用户需求文档（"容器"）的内容。我们并不是说每个用例都必须完成整个模板。用例中包含的信息可以达到任何细节程度（详细程度），只要能把它们清楚传达给那些必须确认、实现或基于它来编写测试的人。

表 3.3 详尽的用例规范模板

用例元素	描述
ID 和名称	为每个用例分配唯一标号和一个有描述性的名称
主要参与者	确定发起用例并从中获得主要收益的参与者（用户角色）
次要参与者	确定参与执行该用例的其他用户或系统
描述	用几句话对用例进行简要描述
触发器	确定启动用例执行的事件或行动
前置条件	说明用例开始前必须满足的任何前置条件
后置条件	说明用例成功完成后必须成立的条件
正常流程	用例规范的核心是直观地描述用户如何与系统交互以完成目标。列出在主要角色、系统和参与正常流程场景的其他任何系统 / 参与者之间发生的对话步骤
替代流程	描述用例可能执行的任何替代方式，要求仍然满足后置条件。替代流程通常涉及在某一步骤中从正常流程分支出去，并且可能随后重新回到正常流程
异常	确定在每个流程中可能阻止场景成功完成任务的条件。描述系统应该如何响应或帮助用户解决问题
优先级	说明该用例相比其他用例的优先级
业务规则	指出任何影响该用例实现或执行方式的业务规则
假设	说明人们对该用例的任何已知的假设

3.1.4　应用以使用为中心的需求信息

用户需求是几个后续活动的起点。无论用例还是用户故事，都需要进一步细化为一组功能需求，开发人员要实现这些需求。为了完成这一步，要么由BA分析并记录所产生的细节，要么由每个开发人员在其头脑中即兴完成（不推荐）。

用例和用户故事都有助于在开发周期的早期就开始测试。如果BA从用例中推导出功能需求，而测试人员推导出测试，那么现在就有了需求知识的两种表示，因而可以对它们进行比较。这种比较可以揭示出需求的错误、歧义和遗漏。请参见6.1节"实践#18：需求评审和测试"，进一步深入了解这一主题。记录系统如何处理异常，这可以让开发人员构建更健壮的软件，并帮助测试人员进行更全面的测试。

用户故事和用例也是需求优先级排序的核心。决定性的利益相关方通常先按优先级对用户故事或用例排序，使客户价值最大化。然后，团队根据自己可用的能力，考虑到任何相关的技术和功能依赖，将它们纳入迭代或增量。虽然用户故事按各自的优先级进行排序，但一个用例中的各个流程可以有不同的优先级。例如，先选择在一个开发增量中实现正常流程和相应的异常情况。然后，团队在接下来的增量中实现替代流程和相应的异常情况。

在进行以使用为中心的需求探索时，无法揭示出幕后的能力，例如超时后关闭某些设备或者一段时间不活动就使用户强行退出登录。将征询的重点集中于理解用户必须用系统来做什么，有助于团队实现所有必要的功能，同时避免实现不必要的功能。以使用为中心的思维还可以让用研人员充分引导设计出最佳用户体验（Constantine and Lockwood 1999）。

3.1.5　相关实践

以下 6 个实践与这里的实践 #6 相关。

- 实践 #2：定义业务目标。
- 实践 #4：确定并描述利益相关方。
- 实践 #7：确定事件和响应。
- 实践 #13：需求优先级排序。
- 实践 #16：确定和记录业务规则。
- 实践 #18：需求评审和测试。

3.1.6　思考与行动

1. 如果团队还没有探索用户想用当前构建的解决方案来执行哪些任务，请与用户代表进行对话，以确定他们的用例。在正常流程的基础上探索替代的场景。一定要记录异常及其处理方式。
2. 试着为几个用例完成如图 3.2 所示的用例模板。如何既能简化模板同时又能满足开发人员和测试人员的需要？
3. 如果项目采用了用户故事，试着以用例格式和用户故事集的形式来记录一系列相关的场景。哪种方法对自己的团队最有效、最高效？

3.2 实践 #7：确定事件和响应

如上一个实践所述，为了探索用户借助于软件系统来完成的任务并确定刚需功能，用例是一种有效的方式。用例特别适合交互式系统。不过，用例并不能彻底解决所有类型产品的需求问题。

一个补充性的征询技术是确定业务或软件系统可能经历的各个事件，这些事件会触发一些行为作为响应。事件分析对实时或中间件系统特别有效。在这些系统中，用户与系统的交互并不构成主要的产品操作。此类应用包括在后台完成大部分工作的软件，例如反恶意软件。

同时包含硬件和软件组件的产品（不管是嵌入式还是基于主机）也很适合进行事件分析。复杂的城市十字路口就是一个典型的例子。它涉及嵌入道路中的传感器、摄像头、人行道按钮、计时器和多个交通信号灯。来自这些组件的输入（即事件）会引发司机和行人在十字路口进行观察的行为。司机（直行、右转、左转）或行人（过马路）的用例不多，但十字路口的系统组件却有很多事情要做。

3.2.1　事件的类型

事件（event）是应用程序所运行的环境中发生的，它的变化触发了某种类型的响应。如图 3.2 和表 3.5 所示，我们需要考虑三类事件。

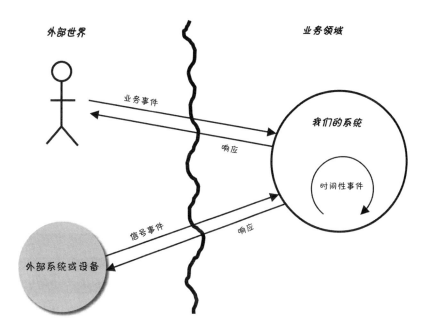

图 3.2　业务和系统必须响应的几种事件

表 3.5 不同类型的可能事件

事件类型	描述
业务	业务领域外部的某人请求来自该领域的某个服务。业务领域中的人员或系统对服务请求做出响应。对业务事件的响应通常涉及基于用例来启动的与软件系统的交互
信号	当系统收到来自业务领域外部的输入时，例如来自传感器的控制信号或者来自另一个软件系统的特定数据值，信号事件会触发响应
时间性	时间触发的条件会促使系统处理数据、生成输出或者执行其他功能

业务事件（business event）源自业务领域外部的世界，并越过边界进入业务领域（Alexander and Maiden 2004）。简单地说，业务领域（business domain）就是解决方案适用的任何领域，它可能是实际的公司业务、手机应用、游戏、物理设备或者别的什么东西。业务事件会导致领域内的实体（人、基于计算机或两者）产生一些响应。

举个例子，本书作者之一卡尔每两年要进行一次车检，他的车需要能够通过尾气排放检测。业务事件包括卡尔把车开到车检所，告诉技术人员他需要进行尾气排放检测。技术人员的响应是接受卡尔的车检申请，然后开始检测。

响应一个业务事件时，领域内的某个人可以在软件系统中启动一个或多个用例。在排放检测期间，技术人员将信息录入他们的计算机系统，该系统还接收并显示他们连接到汽车的传感器的测试结果。如果汽车通过检测，技术人员就完成了这个过程，给卡尔打印新的行驶证，并将文件和年检合格标志交给他。任务完成！

信号事件（signal event）源自一个硬件设备（例如开关或传感器），或者作为消息到达一个传入信道。信号事件（例如中断或者特定的数据值）通知系统有了输入，进而触发某种响应。技术人员连接到卡尔汽车的传感器会将数据流发送给在其计算机上运行的排放检测应用程序，并在测试完成后发出信号。随后，主机软件分析传感器数据，并报告汽车是否能够通过检测。当一个过程成功完成（或者没有完成）、系统需要通知用户、与另一个系统通信或者写入数据记录时，系统也可能生成一个信号事件。

最后，时间性事件（temporal event）促使系统在预定时间或在前一个事件发生后或者系统达到某种状态后的特定时间后执行某个行动。一个时间性事件触发车管所在卡尔车检到期前两个月向他发送年检通知。在某种程度上，一个时间性事件甚至可以是一个非事件。例如，假定申请了一笔银行贷款，但银行在指定日期前没有收到一些必要的文件，那么银行的系统可能自动将贷款申请状态更改为"暂停"。

如何对事件进行分类其实没那么重要。主要的是考虑解决方案的环境中可能发生的各种事件，并确保自己已确定用于处理这些事件的所有必要的功能需求和非功能需求。通过思考这三种事件类型，也许能发现比最开始想到的更多的事件。

3.2.2　指定事件

可以使用多种技术来记录事件分析结果。最简单的是列出可能触发某些系统行为的事件。例如，反恶意软件产品的事件清单可能包含以下条目：

- U 盘插入 USB 端口（信号事件）；
- 到了预定的全系统恶意软件扫描的时间（时间性事件）；
- 距离系统上次检查更新已经过去了一个小时（时间性事件）；
- 计算机管理员启动了一次手动的恶意软件扫描（业务事件）。

事件清单有助于界定范围。负责计划的人可以选择将哪些事件处理纳入特定的开发迭代或产品发布。

事件—响应表（event-response table）更详细地描述了可能的事件以及在检测到每个事件时基于系统状态的预期响应。表 3.5 展示了一个家庭安防系统的部分事件—响应表。注意，同一个事件可能触发不同的响应，甚至可能没有任何响应，具体要取决于当时的系统状态。

表 3.5 家庭安防系统的部分事件—响应表

事件	系统状态	响应
用户布防在家模式	撤防，没有检测到门窗打开	将系统状态更改为"布防在家"（Armed for Stay）
用户布防外出模式	撤防，没有检测到门窗打开	启用室内运动探测器；初始化离家倒计时器；将系统状态更改为"布防外出"（Armed for Away）
用户布防在家模式或外出模式	撤防，检测到门窗打开	显示门窗打开的位置
用户输入正确密码	布防外出模式或布防在家模式	将系统状态更改为"撤防"（Disarmed）
用户输入错误密码	布防外出模式或布防在家模式	清除密码输入显示；不更改系统状态
门窗感应器被触发	布防外出模式或布防在家模式	将系统状态更改为"检测到入侵"（Intrusion Detected）；启动倒计时器；控制面板哔哔声
运动探测器被触发	布防外出模式	将系统状态更改为入侵检测；启动倒计时器；控制面板哔哔声
运动探测器被触发	撤防或布防在家模式	无响应
倒计时器到期且用户未输入正确密码	检测到入侵	将系统状态更改为"报警模式"（Alarm Mode）；系统发出警报声并呼叫接警中心
用户输入正确密码	检测到入侵或报警模式	如果警报正在响起，那么关闭警报声；将系统状态更改为"撤防"
用户输入不正确的密码	检测到入侵	清除密码输入显示；倒计时器继续；不更改系统状态

事件—响应表并不能取代书面的需求规范。这个表格并没有供开发者确切了解系统运作的许多细节。换言之，事件—响应表是在一个相当高的抽象水平上总结系统的行为。从表 3.4 中，我想到了它没有回答的下面几个问题：

- 各种倒计时器的持续时间是多少？它们可以由用户设定吗？如果可以，是否有最小值和最大值？
- 给接警中心打电话到底涉及什么？当系统进入"报警模式"时，是否只是发出警报声和打电话？在用户没有输入正确密码的情况下，系统是否会关闭警报器？
- 是否需要关于"控制面板哔哔声"的任何细节？模式、频率、音量、时间？或者这些都是设计决策？
- 系统撤防后到底会发生哪些事情？
- 是否会出现系统必须处理的任何异常？（卡尔最近因为家里安防系统有一个处理不当的异常而发狂）

BA 可以在敏捷项目中使用事件—响应表来逐项列出验收标准，特别是当它们用 Given-When-Then 格式写的时候（参见 6.1 节"实践 #18：需求评审和测试"）。状态成为 Given 或前置条件，每个事件成为 When 或触发器，而响应成为 Then。团队可以在处理新的事件和状态组合时更新表格，或者可以先构建一个完整的表格，然后根据这些知识来计划开发顺序。

以表格形式呈现大量信息的问题是很难判断它是否完整和准确。卡尔审查过一份需求规范，其中包含一个跨了好几页的事件—响应表。事件触发了特定的功能，并将系统从一个状态切换到另一个状态。这个复杂的表格很难解读和验证其正确性与完整性。

在这种情况下，本书作者之一卡尔发现用一种替代的可视化方式来表示表格内容很有帮助。他画了一个状态—过渡图（state-transition diagram），其中显示各种系统状态和导致状态变化的事件（Wiegers and Beatty 2013）。这种可视化模型还有其他几种名称（而且可能采用不同的记号法），其中包括状态图（state diagram 或 statechart diagram）和状态机图（state machine diagram）
（Ambler 2005, Beatty and Chen 2012）。

作为一个例子，图 3.3 展示了表 3.5 所描述的家庭安防系统的部分状态过
渡图。每个矩形都代表一个可能的系统状态。箭头表示状态之间允许发生的过
渡。箭头上的标签表示触发状态变化的事件和 / 或条件。这个模型没有明确显
示由事件引起的所有系统行为，这些行为在事件—响应表中描述。这两种表
示——表和图——是互补的。

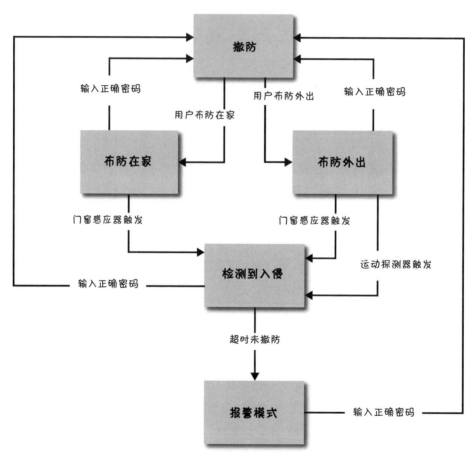

图 3.3　显示家庭安防系统行为的部分状态过渡图

当卡尔根据那张内容丰富的事件—响应表来绘制状态过渡图时，发现单靠研究表格不容易看出的一些问题。有一些本应导致状态改变的事件被遗漏了。有一个已知的系统状态无法通过列出的任何事件达到。还有一些事件没有导致正确的结果状态。因此，以两种方式表示这些信息揭示了一些需求错误。

事件分析也是一种有价值的测试辅助。事件—响应表和状态过渡图中显示的信息可以让测试人员轻松地思考测试，以判断系统的行为是否符合预期。测试人员可以确保所有可能的事件和过渡路径都有相应的测试，这将揭示出任何设计或实现上的错误。用这样的技术尽早开始测试，有助于团队在早期阶段就把质量融入产品中。

3.2.3　相关实践

以下 4 个实践与这里的实践 #7 相关。

实践 #3：定义解决方案的边界。

实践 #6：理解用户需要用解决方案来做什么。

实践 #11：创建需求模型。

实践 #18：需求评审和测试。

3.2.4　思考与行动

1. 列出产品必须响应的主要事件。把它们分类为业务、信号或时间性事件。
2. 为步骤 1 的事件创建事件—响应表。根据这个表格，确认当前需求集完全考虑到了每个事件所产生的所有预期结果。
3. 如果可行，请画一个状态—过渡图来为事件—响应表来提供补充。找出这两种表示所揭示的任何错误。

3.3 实践 #8：评估数据概念和关系

计算业务过去被称为"数据处理"，这是有原因的——所有软件应用程序都要创建、使用、操作或删除数据。我们可以认为，数据是连接其他所有需求类型的黏合剂；或者说，功能的存在是为了处理数据。这两种观点都强调了在需求征询中探索数据方面的问题的重要性。回答以下问题有助于定义解决方案的数据需求：

- 解决方案的每个组成部分需要什么数据？数据来源是什么？
- 每个组件生成了哪些应该保留的数据？
- 每个数据项将由哪些利益相关方或系统使用？如何使用？
- 哪些数据对象来自解决方案外部实体的输入，或者输出到外部实体？数据通过什么机制接收和发送？
- 哪些数据对象在解决方案中的系统、组件或过程之间流动？这些数据对象通过什么机制进行交换？
- 每个数据对象存在哪些约束、业务规则或依赖？
- 每个数据对象由哪个系统或过程"拥有"，因而使后者成为数据的单一事实来源[1]？
- 用户界面屏幕上需要输入或显示哪些信息？
- 系统必须遵守哪些数据治理策略（如质量、访问、安全性、隐私、完整性、保留、归档和处置）？

3.3.1　理解数据对象及其关系

数据征询、分析和管理都不是小任务。BA 需要理解问题和解决方案空间

---

[1]　译注：原文为 source of truth，在信息科学和信息技术架构中，信息系统的单一事实或单点事实架构是构建信息模型和关联数据模式的实践，使每个数据元素只限于一个地方掌握，以此来为信息系统提供数据规范化。

中所有的数据对象，才能规范化正确的功能需求和非功能需求。为了获取并沟通这一理解，BA 将随着时间的推移并为不同的受众创建数据的多个视图。用户代表可能对所有数据对象的高层级/高级视图感兴趣，因而用概念数据模型的形式来显示。数据库架构师会创建一个物理数据模型来定义数据库的结构。开发人员和测试人员则需要数据字典中的细节。

通过获取一个完整的数据对象清单来开始数据探索，这个清单是系统信息的一种逻辑表示。可以在下面这些地方寻找重要的数据对象并将它们列入清单。

- 挑出出现在业务问题描述、解决方案概念、过程、用户需求、状态过渡图和事件—响应表中的名词。

- 根据生态系统图的连线或者环境图数据流上的标签，识别高层次的数据对象（参见 2.3 节"实践 3：定义解决方案的边界"）。

- 一旦利益相关方提到客户、订单或地址等，就表明它们可能引用了解决方案中需要的数据对象。

- 对报告、显示和其他输出的描述提供了的线索可以用来发现系统必须接收（作为输入）或创建的数据项。

- 在现有产品上或者与现有系统集成时，关系型数据库中的表名可能属于数据对象。从一个系统到另一个系统，可能需要对数据对象和术语做一些映射或翻译。

在确定可能的数据对象（实体）之后，可以创建一个数据模型来显示它们之间的逻辑联系（关系）。实体关系图（Entity Relationship Diagram，ERD）是绘制数据模型的一种流行方式（Wiegers and Beatty 2013）。ERD 可以表示概念性、逻辑或物理数据视图。概念性数据模型有时也称为"业务数据图"（Business Data Diagram, BDD）（Beatty and Chen 2012）。概念性模型只确定业务数据对象及其关系（Nalimov 2021）。逻辑模型增加了每个实体的属性之细节。物理数据模型则描述所实现的数据库的架构，其中包括表、列、主键/外键以及引用完整性规则（ScienceDirect 2022）。

图 3.4 展示了 2.3 节"实践 3：定义解决方案的边界"中在线订餐项目的概念性 ERD。实体出现在方框中。连线显示数据对象之间的逻辑联系，连线上的标签描述了每种关系。

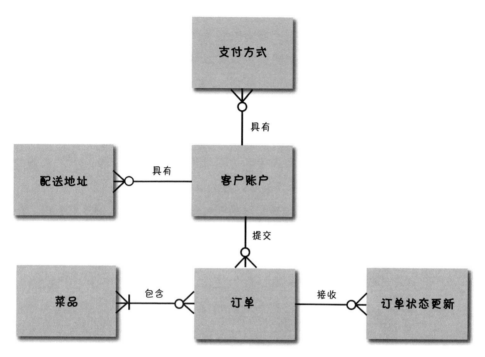

图 3.4   实体关系图（ERD）描述问题或解决方案空间中的所有数据对象及其逻辑联系

在图 3.5 中，一个客户账户可以下零个或多个订单，一个订单必须包含一个或多个菜品，而一个菜品可以属于零个或多个订单。BA 可以在征询评审会议中根据这个 ERD 来提出一些问题，例如"一个订单必须总是包含至少一个菜品吗？"和"在什么情况下一个客户账户可以没有配送地址？"以系统化方式审查模型中的数据对象，确定它们所有的逻辑联系，并验证关系基数。

在实体的连线上，显示了每个实体对的关系之数值性质，即它的基数（cardinality）。有几种 ERD 符号可用于显示关系的基数，本例采用的是乌鸦脚标记法（Abba 2022）。下面列出部分可能的基数及其符号。

一对一
一对多
多对多
一对零或更多
一对一或更多

3.3.2　完善对数据的理解

一旦掌握数据对象，就要找出与其关联的功能。一个有用的缩略语是 CRUD：确定每个数据对象的实例如何在解决方案中创建（Create）、读取（Read）、更新（Update）和删除（Delete）。另外，还要寻找数据对象的复制（Copy）、列出（List）、使用（Use）、移动（Move）和转换（Transform）方式，这样便得到一个更有趣的缩写 CRUDCLUMT。

确保每个数据对象的基本操作都出现在过程流程中或用例描述中。寻找那些虽然创建但从未使用或存储的数据对象，以及那些被过程使用却从未被明确读取或创建的对象。了解每个数据从哪里来以及这些数据如何输入系统。这种分析可能揭示出对数据的额外需求，进而可能揭示出更多的过程或用例。

数据输出需求也很重要。作为 BA，可以探索系统如何向用户呈现数据并将其发送给其他系统或外部设备。在呈现输出前，系统可能需要执行转换、抽象、计算、格式化或其他处理。作为 BA，要理解用户如何在报告、交互式仪表盘或其他提取物中查看数据以及他们希望如何操作显示的数据（Wiegers and Beatty 2013）。这些输出需求可以揭示构建输出显示所需要的功能以及一些质量需求，例如数据延迟和性能目标。

作为 BA，要向利益相关方询问业务规则、质量属性以及其他可能影响数据对象但单靠数据模型看不出来的约束。尽管图 3.5 的 ERD 显示每个客户账户可以有零种或更多支付方式与之关联，但通过讨论可能发现这样的业务规则：客户账户在下单之前必须至少保存一种支付方式。这个业务规则并没有在数据模型中明确显示。类似地，一个安全性需求可能要求对存储的支付方式进行加密，因为它们属于个人身份信息。从这样的约束中，可以推导出功能以保证遵守它们。

为了描述数据在系统中的移动，可以考虑画一个数据流图（data flow diagram，DFD）。DFD 是环境图的一个分支，类似于放大镜，方便我们窥探环境图中代表整个系统的那个圆圈。DFD 展示了如何通过数据元素将创建、使用或更改该数据的系统过程联系在一起。

为了创建 DFD，我们可以用矩形显示与系统交互的外部实体。这些外部实体也出现在环境图上。圆圈代表使用、转换或生成数据的过程。两条平行线之间显示的对象是数据存储（data store），它们持久地或者临时地甚至只是以概念方式保存一些数据块。最后，对象之间加标注的箭头称为数据流（data flow），显示内部和外部的数据输入 / 输出。

图 3.5 展示了基于图 2.5 的环境图来构建的 DFD（部分）。通过检查这个模型，很容易看出过程如何访问、操作、显示和转换各种数据对象。例如，这个模型显示过程 3 让用户创建一个订单，过程 4 将订单传送给餐馆下单系统，而过程 5 确认收到订单。确保 DFD 中的每个数据对象也会在 ERD 中出现，因为模型之间的差异有望揭示出问题（参见 4.2 节"实践 #11：创建需求模型"）。

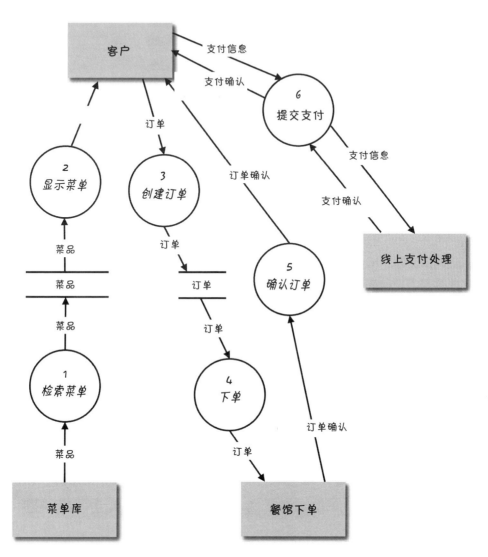

图 3.5　餐馆在线订餐系统的部分数据流图显示菜单、订单和支付信息如何用于各个过程

3.3.3　数据细节决定成败

　　理解数据对象及其关系之后，就可以为解决方案中的每个系统创建一个数据字典（data dictionary）。ERD 提供了数据的高级视图；数据字典则提供细节。图 3.6 展示了在线订餐网站数据字典的部分内容，它描述了两个数据对象：客户账户和配送地址。数据字典显示了每个数据对象的所有字段或属性以及每个字段的各种元数据（Beatty and Chen 2012）。常见元数据包括数据类型、长度、业务规则、有效值、该字段是否必须以及该字段是否必须有唯一值。注意，数据字典并不等同于词汇表（其中可以包括简称和首字母缩写[①]），详情可参见 5.4 节"实践 #17：创建词汇表"。

　　数据字典有助于统一不同系统之间的数据需求。仔细研究系统交换的数据项的数据类型和字段长度。决定如何处理任何类型转换和长度不匹配。例如，如果存在长度不匹配的问题，那么就要决定始发系统或接收系统是应该截断数据，还是应该添加填充字符来进行匹配。在这种情况下，在哪一端截断或添加字符呢？最终的接口是能正常工作，还是会导致数据损坏或丢失，像这样的细节是关键。斯蒂芬·威塔尔（Stephen Withall）在 2007 年出版的《软件需求模式》描述了许多用于精确指定多种数据需求的模式，有了它们，可以有效避免忽略可能导致错误的问题。

[①]　译注：以"业务分析师"的英文为例，其首字母缩写为 BA，基于上下文，可以简称为"分析师"。再比如，"公司"的英文可以简称为 Corp.，而"美国国家航空航天局"的首字母缩写是 NASA。

ID	数据对象	字段名称	描述	唯一值？	数据类型	长度	必须？
DD1	客户账户	电子邮件地址	用户的电子邮件地址。也作为用户登录ID。一个用户必须正好有一个电子邮件地址	是	字母数字	任意	是
DD2	客户账户	密码	由用户创建的大写/小写字符和数字的组合。一个用户在同一时间只能有一个与他们的登录ID关联的密码	否	字母数字	6-12	是
DD3	客户账户	名称	账户的客户名称。通常是姓和名，但被视为单一字段	否	字母数字	100	是
DD4	客户账户	电话号码	用于订单更新的客户电话号码	否	字母数字	任意	否
DD5	配送地址	地址行1	配送地址的第一行	否	字母数字	50	否
DD6	配送地址	地址行2	附加配送地址行。用于房号、配送说明和其他可选信息	否	字母数字	50	否
DD7	配送地址	城市	配送地址中的城市	否	字母数字	30	否
DD8	配送地址	州	配送地址中的州。目前只支持美国48个州	否	枚举	2	否
DD9	配送地址	邮政编码	配送地址中的邮编。目前只支持美国的邮编	否	数值	9	否

图3.6　在线订餐网站数据字典（部分），显示"客户账户"和"配送地址"数据对象的属性

如果是用一个新的系统来替换现有系统，那就要用数据字典来确保从旧系统迁移到新系统的数据项是匹配的。不同的利益相关方、系统或接口可能以不同的方式使用相同的数据字段，或者使用不同的字段来保存相同的业务数据。在这些情况下，可能都需要为内部过程、数据迁移以及传入和传出的集成提供额外的逻辑。

数据字典与功能需求、外部接口需求和质量属性的征询相关联。虽然当前讨论的订餐系统只在美国运行，但战略计划可能要求扩展到加拿大。为了实现

这一可扩展性需求，团队需要扩充"国家"枚举字段的值列表，而且"邮政编码"必须接受 6 位字母数字。另外，对于每个数据对象，都要知道对数据的更新是必须实时捕获（基于一次事务处理），还是基于批次的更新。对于信用评分来说，每天更新一次也许就够了。但是，对于银行账户余额来说，就不能这样。每个决定都要用不同的过程和功能来实现。

一旦外部系统向你的系统发送数据，就要小心引入新的"必填"字段。敏捷项目尤其要注意，因为数据接口是逐步建立的。每出现一个新字段，都需要对发送数据的系统进行修改，要么映射到新的"必填"字段，要么为其设定默认值。

3.3.4　寻找数据需求的藏身之处

寻找会影响数据对象的且位于幕后的完整性与安全性需求。系统的最终用户可能不会阐明这些类型的需求。这些需求必须从其他利益相关方那里获得，例如企业数据治理小组。一些法律和法规规定了许多数据安全性、数据保留和日志审计需求，例如，《萨班斯 - 奥克斯利法案》（Sarbanes-Oxley Act）就有个人身份信息保护要求。

解决方案或数据库架构师可能指定了为数据访问和性能目标提供支持的需求。例如，本书作者之一卡尔的银行支持在线访问月度报表。但如果是两年前的报表，他就只能去柜台取。很明显，系统包括一些定期归档数据的功能，并允许用户申请和访问更早的报表。但是，没有一个银行客户会像这样提出需求，因为他只想看看自己的报表。

有些人可能认为，数据需求和数据管理这样的技术活儿最好留给架构师和工程师。然而，BA 只有理解问题空间和设想的解决方案中的数据对象、这些对象之间的关系以及相应的数据流，才能得到适当的功能需求、质量需求和外部接口需求。如果数据征询和分析不细致，就可能面临这样的困境——系统已经发布了，还得修复数据长度不匹配的bug（本书作者之一坎黛西的亲身经历）。这样做显然没有意思。

3.3.5　相关实践

以下实践与这里的实践 #8 相关。
- 实践 #3：定义解决方案的边界。
- 实践 #9：征询和评估质量属性。
- 实践 #11：创建需求模型。

3.3.6　思考与行动

1. 如果还没有实体关系图，就为你自己的解决方案创建一个。用它来评估当前的数据需求、功能需求和质量需求。如果缺少强制或实现某些关系的需求，就从利益相关方和数据模型中征询新的需求。
2. 为产品创建数据字典。分析传入和传出的数据，看看系统接受 / 强制的与外部系统期望的之间是否存在数据类型、长度或业务规则不匹配的情况。
3. 为系统的选定部分创建数据流图。确保所有出现在数据流图中的数据对象在实体关系图中都有相应的表示。

3.4 实践 #9：征询和评估质量属性

在讨论个人需要的时候，用户自然会强调他们期望在解决方案中发现的功能。然而，我们都有这样的经历：使用的应用虽然包含正确的功能，但我们并不怎么喜欢；也许是因为它执行一项任务的时间太长或者用户界面不直观；它可能经常崩溃或者有太多的 bug；也许在使用该软件时，它消耗的内存越来越多，最终导致电脑运行变慢。这些产品或许满足功能需求，但并没有达到用户的（通常并没有明确的说明）质量期望。

在解决方案需求中，同时包含功能性需求和非功能需求。当人们说到非功能需求时，最常想到的是质量属性（quality attribute），也称为"服务质量"（quality of service）需求。这些特征描述的不是产品能做什么，而是描述它的表现。如果在需求征询过程中没有探索质量属性，那么团队交付的解决方案可能无法取悦用户。

产品质量涉及多个方面的特征。而且，质量因不同的利益相关方而异。专家级用户可能最看重 UI 的效率，经验不足或只是偶尔使用的用户或许只喜欢容易学习和记忆的系统。与性能或效率相比，维护人员更关心可维护性和可扩展性。质量没有唯一的定义或度量标准。

有些列表归纳了 50 多种软件质量属性，使用了不同的分类方法（例如，ISO/IEC 2019，Wikipedia 2022）。表 3.6 列出了大多数软件系统在征询过程中都应探索的几个属性，其中一些与用户观察到的外部质量有关，另外一些则是开发、测试和维护人员更为看重的内部质量因素（Lauesen 2002，Wiegers and Beatty 2013）。

表 3.6　几个外部和内部软件质量属性

外部质量属性	内部质量属性
可用性	效率
可安装性	可扩展性
完整性	可维护性
互操作性	可修改性
性能	可移植性
可靠性	可重用性
健壮性①	可扩展性
安全性（safety）	可验证性
安全性（security）②	
可用性（usability）③	

① 译注：健壮性（鲁棒性）有别于可靠性，两者对应的英文单词分别是 robustness 和 reliability。健壮性主要描述一个系统对参数变化的不敏感程度，即系统在不正常的输入或不正常的外部环境下仍然表现正常的程度；而可靠性主要描述一个系统的正确性，也就是在固定提供一个参数时，它应该产生稳定的、可预测的输出。例如一个程序，它的设计目标是获取一个参数并输出一个值。假如它能正确完成这个设计目标，就说明它是可靠的。但在这个程序执行完毕后，假如没有正确释放内存，或者系统没有自动帮它释放占用的资源，我们就认为这个程序及其运行环境不健壮。——摘自《深入 CLR》（第 4 版），中文版由清华大学出版社出版。

② 译注：本书将 security 和 safety 都翻译为"安全性"，并在必要时附加英文原文进行区分。两者的区别很简单，前者防范的是人出于主观故意而造成的伤害，后者防范的是因为意外或产品故障而造成的人身伤害。例如，我们说某条道路很"安全"时，会用 safety 来表示这条路不会遭遇山体滑坡等自然灾害；用 security 来表示这条道路有重兵把守，不会有人在这条路上伏击你。

③ 译注：本书将 availability 和 usability 都翻译为"可用性"，并在必要时附加英文原文进行区分。前者是指一个功能要有（可用），后者是指这个功能用起来让人省心（可用）。usability 涵盖了易学性（ease of learning）、易用性（ease of use）、错误防范和恢复、交互时的效率以及无障碍访问（accessibility）。基于这个原因，usability 不适合直接翻译为"易用性"。

3.4.1 征询质量属性

探索质量需求是用户需求征询的组成部分。有些用户会自发提出其质量期望，但更多的时候，BA 需要通过提出正确的问题来引导讨论。简单问用户有什么可用性（availability）需求，并不能产生有用的信息。用户的回答可能很模糊、简单甚至是无法实现的："任何时候只要有人用，它就必须可用。这不是显而易见的吗？"为了帮助参与者更仔细地思考具体的可用性问题，可以提出以下问题。

- 是否有一些功能的可用性比其他功能更重要？如果是，有哪些？
- 如果特定功能有一段时间不可用，那么会有什么坏处？我们如何才能以最好的方式处理这些情况？
- 哪些时间段可以保留给预定的维护活动，以最小化不良后果？
- 如果某些功能不可用，系统是否应该通知用户？
- 我们怎样才能确定可用性目标得到了满足？

罗珊妮·米勒（Roxanne Miller）在 2009 年出版了一本书，书中汇总了 2000 多个问题，BA 可以用这些问题深入理解 14 个重要的质量属性。虽然不需要问完这 2000 多个问题，但这本书仍然是一个有价值的资源，可以帮助 BA 从不同的利益相关方那里征询关于质量需求的正确信息。

首先，确定与产品有关的质量属性。然后，研究与每个属性相关的问题集，选出你认为可以深入探究的问题（Miller 2009，Wiegers and Beatty 2013）。这个准备工作将引导得出一系列问题，它们能有效地将参与者的注意力集中在重要的质量属性上。

3.4.2 质量属性的含义

和功能需求不同，开发人员并不总是直接在代码中实现质量属性。有些质量属性会驱动架构决策，向开发人员施加设计或实现上的约束，或者作为基础推导得出功能需求。BA 需要探索各个利益相关方的质量期望，然后将其转化为清晰、精确的需求声明 / 陈述，以指导开发人员的行动。

让我们以安全性为例，演示从质量属性声明推导出功能需求的过程。某公司的安全性策略也许包含这样的陈述："所有信息系统在允许用户访问系统服务之前必须通过多重身份验证（multifactor authentication）。"这个简洁的陈述引出了以下一系列问题。

- 身份验证的哪些类型和组合是可以接受的：密码、PIN、一次性验证码、安全问题、生物识别或者其他？
- 关于密码，最小和最大密码长度、允许的字符、必须和禁止的字符模式以及密码必须的修改频率有什么规定？密码区分大小写吗？需要提供什么功能来让用户创建、修改和重置密码？当用户必须修改密码时，系统如何通知他们并让他们这样做？
- 验证码如何提供，是短信、电子邮件、电话或者让用户选择？验证码包含多少字符？允许哪些字符？验证码的有效期是多长？需要提供什么功能，让用户为这些安全性检查输入、维护和选择电话号码 / 电子邮件地址？
- 如果身份验证尝试失败，会怎样？系统应该在错误消息中显示多少信息？用户有多少次尝试的机会？系统是否会在多次不成功的尝试后锁定账户？如果是的话，用户如何重新获得对被锁定账户的访问权限？

看看，这还只是针对一个安全性需求！根据对上述问题的回答，BA 可以指定详细的功能需求和数据需求来实现这一切。关键在于，诸如"系统应该安全"或者"必须验证用户身份"这样的简单陈述是极其不充分的安全性需求。它们只是为更彻底的探索提供一个起点。

为了征询、分析和规范好的质量属性需求，BA 需要付出大量的时间和精力。就像这个安全性需求的例子，一些属性提供优秀的、跨多个应用进行重用的可能性。为了从一套好的质量需求中获得最大的利益，组织应该建立一个机制来存储可重用的需求，并培养一种促进重用的文化（Wiegers and Beatty 2013）。

3.4.3 权衡质量属性

坏消息是，尽管颇具吸引力，但任何产品都不可能具有全部理想化的特征。加强一个属性的话，其结果可能是加强了一个属性却损害另一个属性，或者对另一个属性没什么影响（Wiegers and Beatty 2013）。

- 加强健壮性（系统如何对意外的运行条件做出响应）会加强完整性、可靠性、安全性（security）和其他几个属性。
- 加强安全性（security）可能要求用户执行多个操作才能访问一个应用，而且可能要用到多个设备，可用性（usability）却可能因此而降低。
- 加强性能对可安装性、完整性、可验证性和其他一些因素没有什么影响。

由于存在这些纠葛，所以有必要知道哪些属性比其他属性更重要。这样一来，决策者就能做出最恰当的权衡。和需求优先级排序一样，要确定哪些质量属性关系到实现项目的业务目标。对于质量属性来说，这并不像用户需求或功能需求那么明显。4.4 节"实践 #13：需求优先级排序"描述了一个电子表格工具，可以用它来成对比较相关的质量属性，以确定在需要做出权衡的时候，哪些质量属性的权重更大。

听到软件不可能具有完美的质量特征组合，利益相关方可能会不高兴。为此，最好列出软件可能存在的缺陷，比如，它不可能在百分之百的时间内可用，它不可能百分之百安全，它不可能对每个请求提供即时的响应，等等。考虑到这样的现实以及在时间、预算和技能上的约束，询问利益相关方是否愿意接受这些类别在何种程度上的不完善。虽然他们仍然可能不喜欢，但相比之前，或许能够更好地理解现状。

3.4.4　规范质量属性

有些质量属性适用于特定的功能、用例或用户故事，例如系统对于特定用户操作的响应时间，这些属性可以被记录为需求或用户故事的验收标准。罗伯逊夫妇（James&Suzanne Robertson）在其著作中描述了适合标准（fit criteria），他们建议在团队中使用这种量化和可验证的条件来判断特定的功能需求或非功能需求是否被完全满足。

然而，还有一些属性对整个产品的设计和实现有深远的影响。有无（availability）、效率、可靠性和可扩展性需求影响着重要的架构和设计选择。它们会影响到许多功能领域和用户故事。如果到开发后期才纠正这些领域的缺陷，代价可能非常高。

它们有广泛的影响，如果简单地把提出的质量属性目标写成一个单独的需求或待办事项（backlog item），然后把它扔到未来某个时间解决的待定工作队列中，那么效果并不理想。相反，BA 需要理解各个利益相关方的质量期望，并一开始就着手指导开发人员的工作。规模化敏捷框架（Scaled Agile Framework2021a）描述了敏捷项目中处理非功能性需求的几个策略。

敏捷项目的一个考虑是何时评估特定的质量属性。在一个项目中，坎黛西发现，个别功能或用户故事没有具体的性能需求，但系统中某些端到端的过程却有。决定何时进行性能测试并对结果设定基准是很棘手的。如果在开发过程中过早设定基准，随着更复杂的逻辑加入，性能会随着时间的推移而下降。而太晚进行测试的话，团队会失去解决任何性能缺陷的能力。因此，找到平衡点才是关键。

前面说过，写一个模糊的质量需求，例如"系统应该安全"，并不能为开发人员提供任何帮助。质量属性规范应该有以下特征：

- 精确（使人能理解）；
- 必要（避免对产品进行过度设计）；
- 可度量（知道要实现的目标）；

- 可验证（知道是否实现了）；
- 符合实际（避免缘木求鱼）。

为了编写精确的非功能需求，可以使用 Planguage 技术（Gilb 2005），请参见 5.1 节"实践 #14：以一致的方式编写需求"，深入了解这种面向关键词的模式。另外，即便使用非结构化的自然语言，也能写出清晰的质量需求。下面列出一些例子，其他许多例子可以在 Lauesen（2002）、Miller（2009）、Robertson and Robertson（2013）和 Wiegers and Beatty（2013）这几本书中找到。

- **安全性**：根据系统的数据分类，包含高度限制性数据的文件必须始终在静态状态下进行加密（对称或非对称）。
- **性能**：系统的响应时间（对于至少 75% 的 UI 操作）必须在 1.5 秒以内，对于至少 95% 的 UI 操作必须在 4.0 秒以内。
- **互操作性**：该应用必须兼容 Chrome、Firefox 和 Edge 浏览器的最新版本及其前三个版本。
- **可验证性**：至少 90% 的系统功能必须由一个或多个自动单元测试、集成测试或功能测试所覆盖。
- **可扩展性**：当传入的请求超过每分钟 500 个时，系统必须能够自动将容量从 4 个服务器扩展到 6 个。

征询、分析和规范质量属性颇具挑战性。尽管如此，除了进行其他开发活动，心思缜密的 BA 还会将质量属性这个重要的维度纳入自己的考量。如果在需求中没有说明用户对重要质量属性的期望，那么产品无法满足这些期望也是意料之中的事。

3.4.5　相关实践

以下实践与这里的实践 #9 相关。

实践 #5：确定有决策权的人。

实践 #6：理解用户需要用解决方案来做什么。

实践 #14：以一致的方式编写需求。

3.4.6　思考与行动

1. 如果团队还没有这样做的话，就探索质量对用户和其他利益相关方的真正意义。将这些知识记录在表格中，指导开发人员实现用户对质量的期望。

2. 为了更好地理解产品的质量特征，请参考这几本书（Lauesen2002）、（Miller2009）、（Robertson and Robertson2013）和（Wiegers and Beatty 2013）。汇总一个问题清单，在与利益相关方的代表讨论质量属性时会用到它。

3. 确认所记录的每个质量属性需求都是可验证的且有人记录了测试或其他标准，以此来证明每个质量属性是否得到了满足。

第 4 章
需求分析

作为 BA，你已经与关键的利益相关方充分合作并理解了他们的目标。你也对用户代表和其他人员进行了访谈，了解了业务领域，定义了解决方案的边界，确定了利益相关方的需要、期望和约束。现在，必须将所有信息转化为对满足这些需要和期望的一个解决方案的能力和特征的描述。这个转化过程就是需求分析。

但是，需求分析具体指什么呢？很多关于软件需求的书籍甚至没有"需求分析"这条索引。"分析"听起来像是一种长时间盯着需求之后自然发生的事情。在现实中，可以使用一些技术来寻找特定的问题，并产生更好的需求，进而产生更好的解决方案。对于需求分析，咨询专家和作者尤金妮亚·施密特（Eugenia Schmidt）给出了很好的解释：

> 大多数分析师可能会通过各种手段来征询并捕获需求，但他们可能会忽视 BA 最担心的事情：遗漏构建一个有价值的解决方案所需要的某些内容。只有通过分析需求和数据，才能避免这种情况。我们通过分类、排序、优先级排序、可视化、从不同角度审查、发现冲突、寻找差距等方式来确保提供的信息足以构建或采购"合适"的解决方案。

需求分析涉及确保理解所有利益相关方的需要，并确保能定义、取得一致、构建并测试一个能满足这些需要的解决方案。本章介绍了许多工具来帮助 BA 实现这个目标。但是，工具并不能取代 BA 的基本思维过程：提问、学习、探索、比较、确认、完善和重新评估。需求分析可以归纳总结为以下 4 个实践。

实践 #10：分析需求和需求集。

实践 #11：创建需求模型。

实践 #12：原型创建和评估。

实践 #13：需求优先级排序。

4.1 实践 #10：分析需求和需求集

需求分析是一位熟练的 BA 真正增加价值的地方。无论是由 BA 明确执行，还是在开发人员的大脑中短暂执行，需求分析都涉及下面这些活动：

- 将一个系统分成几个部分，并确定各部分之间的关系（Thayer and Dorfman 1997）；
- 以适当的详细程度（细节等级）和适当的形式来表示需求知识，以确保透彻理解；
- 发现并解决冲突、不一致、冗余、遗漏与依赖；
- 从更高层次的来源（例如，系统需求、用例、业务规则和质量属性）推导得出详细的解决方案需求；
- 评估几个质量特性的需求；
- 协商需求优先级。

需求分析是一个增量和迭代的过程。有了第一个需求后，需求活动就开始了。获得一些信息，评估并理解，记录下来，并确认其正确性。第一轮结束后，你对一些需求的理解足以使团队在过度返工风险很低的情况下进行设计和开发。然后，继续分析下一个需求，并重复这个过程，同时注意这些连续的需求可能存在潜在的冲突和依赖。如前面第 1 章的图 1.2 所示，分析与持续的征询、规范和确认活动是有重叠的。

4.1.1　分析单个需求

　　一些分析活动适用于单个需求，另一些则适用于整个需求集。图 4.1 展示了对单个需求进行分析时几个主要的方面。有一个包含这些项的核对清单是很有帮助的，它可以提醒你怎么思考。本书配套网站提供了一个这样的核对清单。随着经验的积累，可以内化（internalize）这个清单，日后习惯成自然，知道自己要找什么。

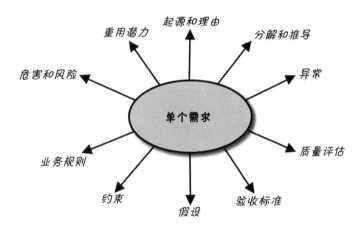

图 4.1　分析单个需求

- **起源和理由**：应该能从每个需求或用户故事跟踪到它的起源，可能是利益相关方的要求、用例、策略、质量属性等其他一些来源。如果有人问为什么会有一个特定的需求，那么 BA 应该对此提供一个令人信服的答案。理解包括每个需求的理由有助于 BA 根据需求来决定利益相关方的价值优先级和范围。

- **分解和推导**：需求分析中，大部分工作是将颗粒度较大的或高层次的需求分解为足够丰富的细节，使其能够得到充分的理解。但是，很难找到合适的颗粒度。很早就为需求指定丰富的细节没有意义，特别是当它们可能会被更改或放弃时。然而，需要一定数量的信息才能评估每个需求的优先级和可行性，需要更多的细节来估计它们的规模和实现成本，需要更多的信息来确定要构建什么。

功能可以分解为子功能或用户故事，并进而分解为功能需求。为了以可视化的方式显示这种分解，可以选择功能树（feature tree）这种非常有效的方式。它通过一个简洁的视图向利益相关方展示他们会得到什么（Beatty and Chen 2012）。图 4.2 展示了第 2 章描述的在线订餐网站的部分功能树。方框中包含的是主功能（L1 功能），其中包括下单、在线菜单、用户账户和在线订单支付。从每条 L1 功能线引出的线都指向 L2 子功能。类似地，从每条 L2 功能线引出的线都指向 L3 子功能。可以选择在不同的产品发布中实现不同的子功能组。因此，功能树还是一个有用的范围界定工具，如 6.2 节"实践 #19：需求基线的建立和管理"所述。

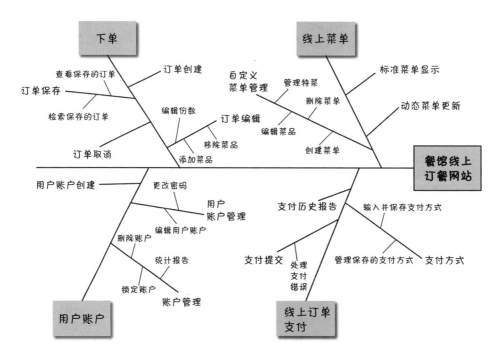

图 4.2　功能树显示构成软件解决方案的主功能及其子功能

在敏捷项目中，可能遇到一些过大以至于无法在一个迭代中实现的用户故事。这些故事称为"史诗"（epic）。对史诗和故事的拆分会影响敏捷团队的工作安排（Cohn 2012，Lawrence and Green 2022）。拆分的每个故事都要交付一些用户价值。

如果使用用例，那么就要通过分析，从图 3.2 列出的各种用例元素中推导出功能需求。例如，在系统开始执行用例之前，必须满足前置条件。但是，前置条件并没有告诉开发人员在它们不满足的情况下应该怎么做。最好由 BA 来填补这些信息空白，而不是期望每个开发人员都清楚。BA 可能会从质量属性需求或相关的业务规则中推导出额外的功能。

- **异常：** 人们自然而然地专注于描述他们期望产品正常运行。然而，开发人员写了大量的代码来处理可能阻止成功执行的异常情况。在分析过程中，确定潜在的错误条件——用户行为、系统条件或数据值——系统必须检测和处理，以尽量减少其不良后果。

- **质量评估：** 有经验的 BA 在审查需求时会自动扫描某些特征。如果需求陈述（需求声明）不具备以下任意特征，就表明还需要对它做进一步的探索和改进（Wiegers and Beatty 2013）。

  - 完整：不能遗漏必要的信息。

  - 正确：该需求准确描述利益相关方的需要或解决方案必须有的属性。

  - 可行：该需求可以在已知的技术、业务和项目约束下实现。

  - 必要：该需求声明记录了利益相关方真正需要的特性。

  - 已进行优先级排序：该需求已经和其他需求一起按照它在解决方案中的重要性和紧迫性进行优先级排序。

  - 无歧义：需求声明对所有读者都只传达一种可能的含义。当团队成员使用不同的母语时，这一点尤其重要，也很有挑战，因为措辞上的微妙差异可能会引起混淆。

  - 可验证：提供一些方法来证实需求已经得以正确实现。

用户故事应该满足一个类似的质量特征列表，这些特征很容易用首字母缩写 INVEST 来记（Cohn 2004）。每个故事应该独立于（Independent）其他故事、可与利益相关方商定（Negotiable）、对客户有价值（Valuable）、可以进行估算（Estimable）以评估规模和实现时的工作量、小（Small）而且可测试（Testable）。

- **验收标准：** 考虑某人如何判断需求是否得以正确实现并准备好使用（参见 6.1 节"实践 #18：需求评审和测试"）。在验收标准中，可以描述系统行为、测试、性能指标或者证明需求得到了满足的其他任何东西。敏捷团队通常记录验收标准来填充用户故事的细节，其中包括异常。换言之，他们的做法是推导得出验收标准或测试，而不是将一个故事细化为详尽的功能描述。无论以哪种形式写，知识都是相同的，都是开发人员为了完成工作而必须知道的。

- **假设：** 所谓假设，指人们自以为真实的陈述但并没有权威的知识能证明其真实性。人们经常对需求做出未明确说明的假设。冲突和过时的假设会带来问题。例如，一个用户可能假设一个特定的业务过程会在新的系统中自动化，另一个人则假设它不会。要尽量提出任何对需求的假设并加以确认，要将假设转化为事实。

- **约束：** 约束对开发人员的设计或实现方案进行了限制。解决方案约束的常见来源包括业务规则、与其他系统的兼容性、物理现实（例如尺寸、接口和材料）、数据／接口标准以及质量属性。项目约束包含预算、时间、人员和技能的限制。一些需求撰写者会在无意中通过包含用户界面或者与具体实现有关的东西来施加约束。要确定它们真的是约束（"必须这样做是有原因的"）还是某人提出的解决方案思路（"下面是我想到的一个例子"）。

- **业务规则：** 业务规则经常影响到特定的功能或数据，或者被用作这些功能或数据的来源。作为 BA，一定要知道哪些业务规则应用于哪些过程、功能和数据对象。详情可参见 5.3 节 "实践 #16：确定和记录业务规则"。

- **危害和风险**：在对含有软件的、具有一定安全风险的产品进行需求分析时，一定要在其中包含危害分析（Li and Duo 2014，Tran et al. 2022）。需求分析还应考虑每个需求可能产生的以下风险（Sommerville and Sawyer 1997）：

  - 对系统的性能影响；
  - 安全威胁；
  - 业务过程的影响；
  - 可能使需求难以理解的高度复杂性或新颖性；
  - 需要新的开发技术或技术；
  - 特定需求可能对业务策略、企业架构、法律和环评因素等构成的风险；
  - 与其他系统、组件或数据库的不良交互。

- **重用潜力**：所谓需求重用，既是指定能在其他情况下重用的需求，也是寻找应用程序可以利用的现有功能。进行需求分析时，两方面都要考虑到。如果某个过程或需求集可能有重复，那么可以考虑为这些需求创建一个通用的模板，以增强其重用性。本书作者之一坎黛西曾经有个项目涉及多个基于文件的供应商集成。这些文件传给各个供应商的过程基本一样，只有文件位置和加密密钥不同。团队为供应商集成创建了一个模板，每个业务领域都可以用它来插入他们自己的供应商名称、位置和加密密钥，用不着重复功能需求。

4.1.2　需求集分析

可以对单个需求执行许多分析活动，但分析的其他方面要求对不同需求之间的关系进行评估。图 4.3 展示了 BA 可能执行的需求集分析活动，例如计划在一个特定迭代或发布中实现哪些需求。

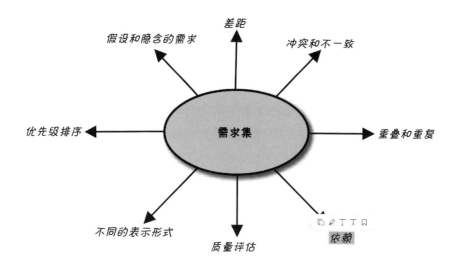

图 4.3　需求集分析活动

- **差距**：在检视需求集时，很难看出那些不存在的需求，因为它们本来就不在那里。为了找出缺失的需求，需要读懂言外之意。作为 BA，为了评估完整性，要从业务目标向下跟踪到用户需求，再跟踪到解决方案需求，以确保它们的一致性。常见的遗漏来源包括没有提供输入的利益相关方、遗漏的异常、涉及复杂的逻辑（其中一些组合可能被遗漏）以及被忽视的数据。需求模型提供了一个强大的工具来发现差距，因为相较于文字表示，可视化技术能暴露被遗漏的需求。

- **冲突和不一致**：父需求与其子需求可能出现不一致的情况。同类型的需求也可能发生冲突。一个说做 A，另一个说做 B，但在逻辑上不可能同时做两者。以迭代方式进行开发时，要确保除非理由充分，否则新的需求集不可以与现有的需求发生冲突，而且新功能不可以破坏现有的功能。

- **重叠和重复**：要注意同一个信息的多个实例。本书作者之一卡尔审查过几个用例，它们在三个地方有几乎相同但又不尽相同的数据结构定义。读的人不知道应该相信哪一个——或者都不应该相信？诚然，对信息进行重复确实方便了读的人，因为用不着去参考别的来源。然而，如果一个实例发生了改变，而其他实例没有变，那么信息的重复就会引起不一致。尽可能指向单一可靠的信息来源，不要重复。

- **依赖**：一些需求依赖于同时实现或之前实现的其他需求。例如，异常处理代码只有和可能出错的功能一起实现才有意义。如果打算逐渐增强一个功能，那么在计划实现时，每个新的子功能都要建立在先前的基础上。一个需求可能也要依赖于一个与之对接的产品中已经实现或修改了特定的功能。

- **质量评估**：除了理想的完整性和一致性特征，需求集还应该具有以下这些好的特征。
  - 可修改：以一种特别的方式组织和标注收集到的需求，使其很容易更改和保持更改记录。
  - 可跟踪：可以从需求跟踪到它们的起源、跟踪到相关的需求并跟踪到其他，如设计、代码和测试。为了实现可跟踪性（traceability），要求以适当的颗粒度进行记录需求，并且标注为唯一。

- **不同的表示形式**：除了自然语言文本，还有其他很多方法可以用来表示需求知识。使用不同的思维过程来创建多种表示，可以通过比较来发现问题。发现需求问题的好方法是创建图或表格来作为文本的补充，以及创建原型。需求的其他视角也有利于与开发人员和其他团队成员进行清晰的沟通。参见 4.2 节“实践 #11：创建需求模型”和 4.3 节“实践 #12：原型创建和评估”。

- **优先级排序**：没有一个团队能一次性实现全部待办事项。请共同商定需求的优先级，让决策者以技术上合理的方式安排工作的顺序，并交付最重大、最紧迫的客户价值。参见 4.4 节“实践 #13：需求优先级排序”。

- **假设和隐含的需求**：利益相关方有时会假设解决方案将包括某些功能，而无需明确说明。这些假设可能会让人失望，因为心灵感应和洞察力并不是有效的需求工具。某些功能的存在意味着要同时实现其他功能，后者同样没有明确说明。例如，实现撤消（undo）功能意味着同时实现重做（redo）功能。将一个高层次的需求分解为一组低层次的需求，充分理解其复杂性，这是发现隐含需求并对期望进行管理的一种有效方法。

花时间仔细思考需求，这是非常值得投入的。在需求写入代码之前，通过减少需求的错误来避免潜在的返工，这样来轻松抵消花费在需求分析上的时间。

4.1.3　相关实践

以下实践与这里的实践 #10 相关。

实践 #9：征询和评估质量属性。

实践 #11：创建需求模型。

实践 #12：原型创建和评估。

实践 #13：需求优先级排序。

实践 #14：以一致的方式编写需求。

实践 #16：确定和记录业务规则。

4.1.4　思考与行动

1. 思考组织内部项目在开发后期或者发布之后遇到的需求错误。哪些类型的错误最常见？如果更注重需求分析，再想想是否能防止这些类型的错误？从本节的描述中选择有助于分析需求的技术。

2. 从图 4.1 和图 4.3 中找出自己已经内化的活动，以便不需要下意识思考就能自觉执行这些活动。为那些还没有自觉执行的实践建立一个核对清单，以便在分析需求时提醒自己注意。

4.2 实践 #11：创建需求模型

文本不是表示需求知识的唯一方法，有时也不是最好的方法。我们很容易迷失在细节的汪洋大海中而错过大局，忽略了错误。需求模型可视化——各种图表——提供了一个很好的方法，能从不同于书面解决方案需求的角度看待需求信息。作为 BA，创建一组强大的需求模型之后，可以快速迭代更高层次的信息，提供更多见解来获得更准确的详细需求。随着产品的变化，模型很容易更新，以反映当前的现实，这对迭代开发的项目尤其有价值。熟练掌握需求建模是 BA 的基本技能。模型可以从下面几个方面辅助为需求分析：

- 模型提供上下文来帮助理解每个需求在总体问题或解决方案空间中的位置；
- 若有违反建模规则的情况，则表明有遗漏和错误；
- 通过确保解决方案引入的每个元素（过程流程、系统状态、数据对象等）都定义对应的、用于实现该元素的功能，模型可以帮助团队发现遗漏的需求；
- 如果显示相同信息的多个模型不一致，则表明有错误的、缺失的或不必要的需求。

有些 BA 会在评审会议逐行呈现数百个这样的陈述："系统应……"，然后问你这个清单是否完整。我们就有过这样的经历，眼睛和大脑很快就感到厌倦。我们无法帮助 BA 确定他们的需求清单是否正确。无论是谁，都很难消化和评估这样长篇累牍的清单。

米勒魔数（Miller's Magic Number）[①] 指普通人能在短期记忆中存储和处理的信息：7±2（McLeod 2009）。基于这个概念，一个人能检查 5~10 个离散的需求，并判断它们是否正确、完整和一致，但几百个就不行了。需求模型

---

① 译注：乔治·米勒（1920—2012），普林斯顿大学心理学教授，曾经担任美国心理学会会长。他提出一个米勒法则，即要想理解别人在说什么，必须先假定他说的都是真的（即不要有先入为主的判定为假），并尝试着想象假设成立。

将详细需求分块归入图中抽象层次更高的对象,从而为这个任务提供帮助。通过一组分层的模型,人们能直观地看到从解决方案边界的最高层一直到业务过程的单步骤信息,而不至于被复杂性"劝退"。

此外,不同的人以不同的方式吸收信息并希望以不同的详细程度查看信息。例如,开发人员需要了解用例的各种复杂情况,但主管可能只想了解项目的整体情况。如果某人视觉思维比较发达,那么纯文本的需求就可能无助于顺利沟通,例如,坎黛西有心盲症(aphantasia)[①],无法在脑海中具现出视觉画面(Dutta 2022)。因此,我们无法请她根据自然语言描述来直观地想象过程或数据流,只有亲眼在纸上或屏幕上看到图,才能让她觉得真实。

4.2.1　选择合适的模型

一旦确定团队的工作将受益于建模,就必须选择合适的图。可以用几十种图来表示业务过程、需求、架构和设计。这些图采用几种建模语言来描述,如下所示:

- 业务过程模型和符号(business process model and notation, BPMN)(Freund and Rücker 2019)
- IDEF0(Feldmann 1998)
- 需求建模语言(requirements modeling language, RML)(Beatty and Chen 2012)
- 结构化分析(Wiegers and Beatty 2013)
- 系统建模语言(systems modeling language, SysML)((Delligatti 2014)
- 统一建模语言(unified modeling language, UML)(Booch et al. 1999)。

[①]　译注:又称"幻像可视缺失症"或"想象障碍",心理学家西蒙·巴伦·科恩在 1995 年提出这个术语。心盲症是一种发展性神经发育障碍,缺乏理解他人心理状态的能力,因难以理解他人的情感、欲望、意图或信念而影响其社交及人际互动。

　　不要成为特定建模语言的"死忠"，而要选择图来充分传达信息。决定要创建的模型后，请了解它的符号、语法和约定。一般情况下，不要自己发明符号，除非发现没有可用的模型能够表达自己想显示的信息（这不太可能）。

　　在选择创建哪一种需求模型时，请考虑项目的特征、要学习和交流的内容以及受众。与开发人员和测试人员紧密合作时，要使用低层次（低级）需求模型来描述业务的内部运作或提议的解决方案。如果你是一名 BA，要向 C 字头的人（CEO 等高级管理人员）提供状态更新，那么可以选择关注目标和范围的高级模型。不需要对系统的每个方面都进行建模。创建的模型应帮助团队进一步理解问题或其解决方案中特别新颖、复杂或有风险的部分。

　　表 4.1 总结了几种常见的需求分析模型，其中许多都在本书其他地方有举例说明：

- 根本原因分析图，2.1 节"实践 #1：三思而后行，谋定而后动"
- 业务目标模型，2.2 节"实践 #2：定义业务目标"
- 环境图，2.3 节"实践 #3：定义解决方案的边界"
- 数据字典，3.3 节"实践 #8：评估数据概念和关系"
- 数据流图，3.3 节"实践 #8：评估数据概念和关系"
- 决策表，5.3 节"实践 #16：确定和记录业务规则"
- 生态系统图，2.3 节"实践 #3：定义解决方案的边界"
- 实体关系图，3.3 节"实践 #8：评估数据概念和关系"
- 功能树，4.1 节"实践 #10：分析需求和需求集"
- 状态过渡图，3.2 节"实践 #7：确定事件和响应"

表 4.1 需求分析中的常见模型及其用法

模型	描述	它如何辅助分析
数据流图（DFD）	环境图的一种子图，DFD 展示的是外部实体、转换过程以及数据存储之间的数据流	DFD 与过程流程结合使用，确保操纵数据的所有过程都已识别，而且都具有实现它们的需求。DFD 与实体关系图（ERD）结合使用，确保 DFD 中描述的所有数据都出现在数据模型中
决策表和决策树	决策表显示各种条件所有可能的组合及其相应结果。决策树以可视化的方式显示一系列顺序决策	使用决策表来确保涵盖给定决策数据的所有可能情况。决策树有利于 BA 和利益相关方共同进行审查，以确保完整性和准确性
实体关系图（ERD）	ERD 可以显示系统数据的概念、逻辑或物理数据视图以及数据对象之间的关系	成对的数据对象之间的基数（数值关系，例如一对多）揭示了在数据库中实现这些关系所需要的功能。BA 可以分析每个数据对象的 CRUD（创建、读取、更新和删除）属性，从中发现缺失的需求
功能树	功能树以鱼骨图的方式显示整个解决方案的功能范围。相关的子功能被分组到多个层级	审查最低功能级别上的每个分组以确保完整性。与需求映射矩阵（RMM）结合使用，可以揭示出多余的功能
过程流程、流程图和活动图	过程流程显示一个业务或用户完成某项任务的一系列步骤。它们可以分组到多个层级，以实现对复杂流程的管理。利益相关方可以为图提供信息，并审查其准确性	分析最低级的过程，确保每个过程步骤都有相应的功能需求和非功能需求，并与一个更高层的过程关联。从需求跟踪到它所支持的过程与步骤

（续表）

模型	描述	它如何辅助分析
需求映射矩阵（RMM）	RMM 将多个层级的相关需求数据链接到一起，从业务目标到功能，到用户需求，再到业务规则，以此类推。RMM 类似于需求可追踪性矩阵	通过检查 RMM 中的每一对层级，BA 可以确保所有低级需求项都链接到更高级的数据或模型元素。没有父项的低级项可能是多余的。没有相应子项的高级对象则可能表明需求有遗漏
状态过渡图（STD）和状态表	这两种模型分别以图和表的形式来描述数据对象生命周期中所有可能的状态，以及它们之间允许的过渡。还可以用它们来定义系统可能的各种总体状态以及允许的状态变化	使用状态表来确保功能需求中包含一个数据对象的所有有效的状态过渡。BA 可以和利益相关者共同使用状态过渡图来发现错误，以及可能导致对象工作流复杂化的多余转换

4.2.2　使用模型来完善理解

假设团队要开发一个新的网站，让销售代表能够输入电话订单。为此，作为 BA，你需要了解销售代表要在新的网站上执行哪些活动。于是，你开始创建一个过程流程（process flow）。过程流程在方框中显示用户执行某个任务的步骤，并在菱形中显示他们做出的决定。与要使用该系统的销售代表讨论完订单过程后，绘制的过程流程如图 4.4 所示。

创建初始模型后，与适当的利益相关方一起查看这个图。向他们解释该可视化模型的意图、符号和元素。像这样进行可视化，更方便他们发现任何不正确的、缺失的或者过时的东西。在团队构建一个系统来提供支持之前，可以先用模型来探索某个过程或数据结构是否可以简化或者是否可以变得更高效。还可以通过测试来验证模型的正确性，6.1 节"实践 #18：需求评审和测试"将基于这个例子来解释具体做法。

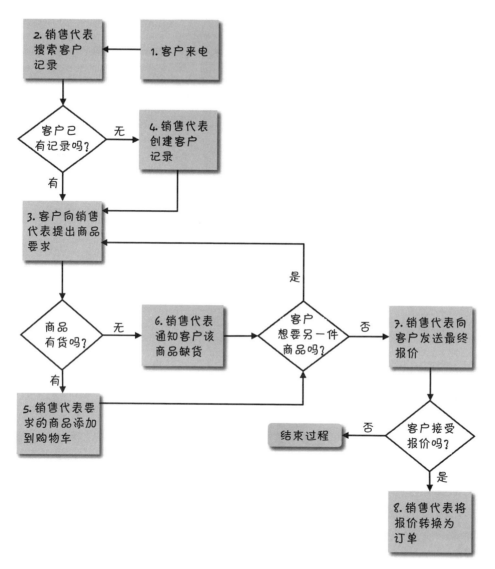

图 4.4 "过程流程"显示用户完成一项任务的步骤和流程中的分支

在模型审查过程中，探究替代流程和异常情况，并询问模型对用户日常工作的描述有多准确。例如，在审查图 4.4 时可以如此提问："报价发给客户后会修改吗？如果可以，过程会有什么变化？"相较于在用户发现有遗漏或错误后重写软件，修改模型容易得多。

再举个例子，假定现在要开发一个计费系统。可以用如图 4.5 所示的状态过渡图来描述单个数据对象的生命周期。在本例中，该数据对象是一张建筑工程发票。在方框中显示发票可能的各种状态。箭头表示各种发票状态之间允许的过渡。

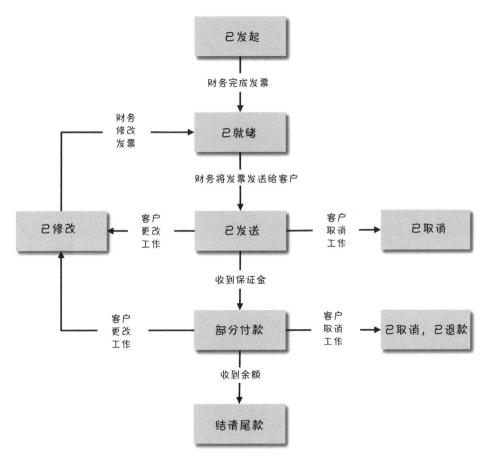

图 4.5　显示发票生命周期的状态过渡图

在和利益相关方共同审查这张图时，你可能提出下面几个问题。

- 发票状态是直接从"已就绪"变成"已取消"，还是必须总是先发送账单？
- 客户是总是先支付保证金，还是能直接从"已发送"变成"结清尾款"？
- 是否存在客户取消工作但不退还保证金的情况？

这样的问题有助于更好地理解业务并对模型进行完善。这些答案可能产生新的需求或者识别出不必要的需求。通过创建和评估这样的模型，所有参与者可以就业务操作和解决方案行为的关键信息达成共识。

4.2.3　迭代建模

建模并非一劳永逸的活动。随着了解的东西越来越多，为解决方案增加的东西越来越多，因而需要多次创建、确认、审查和修改图表。选择使用的工具必须有利于进行这种有价值的迭代。在征询需求和讨论需求期间，我们喜欢使用一些简单的工具，例如白板（物理的和虚拟的都行）和便利贴。相比在 Microsoft Visio 中重画方框，在白板上移动便利贴更容易。一旦模型稳定下来，就可以把它转移到一个专业的软件建模工具中，以便进行更新和分享（白板和便利贴不适合随身携带）。某些需求管理工具内置建模能力。一些专业图表工具（如 Visio 和 Lucidchart）支持某些分析模型的符号和语法。选择有利于增强自己和利益相关方合作的工具。

需求很难无中生有。可以利用草案（draft）模型——也称为稻草人（strawman）模型——快速从利益相关方那里获得反馈（特别是在项目的早期）。稻草人模型的好处在于，不一定准确或完整才有用。只要有一些东西可以开始研究，就能帮助利益相关方让 BA 知道哪里有错。这样一来，他们就能够一起工作，获得更正确的模型。

注意，在使用稻草人模型时，如果不知道真实数值，也不要用 X 来代替，而要用自己认为最理想的估值。本书作者之一坎黛西的某个项目中，利益相关方不确定应该为一个业务目标确定多少美元的价值。在稻草人业务目标模型中，坎黛西定了一个离谱的目标：增加 110 亿美元的收入。在审查过程中，利益相关方自然说 110 亿美元不对。这个回答引发了真实数值可能是多少的讨论，最后大家得到了一个更正确的业务目标。

在创建一组需求模型后，要对它们进行比较。有了同一信息的几种表示之后，BA 可以寻找它们之间的差异。核实功能树的所有顶层功能是否都出现在业务目标模型中，反之亦然。确保所有功能需求都能通过需求映射矩阵追溯到用户需求、业务规则或其他来源。从功能需求追溯到单独的模型元素，例如过程流程中的步骤。确认数据流图上的数据存储与数据模型中的实体是匹配的。如果模型不一致，就找出正确的并对其他的进行调整。

需求建模是一种非常强大的分析工具。让多个人通过不同的思维过程来创建不同的需求视图，可以有效地发现相互冲突的假设和分歧。如果不把它们找出来，就会导致错误的结论，进而得到一个错误的解决方案。

4.2.4　相关实践

以下 4 个实践与这里的实践 #11 相关。

实践 #2：定义业务目标。

实践 #3：定义解决方案的边界。

实践 #8：评估数据概念和关系。

实践 #10：分析需求和需求集。

4.2.5　思考与行动

1. 确定产品中还有哪些部分需要进行深入探索和澄清。然后，选择一个或多个模型来获得必要的洞察。

2. 为自己认为有参考价值的图表类型起草模型。与利益相关方共同审查，从中发现问题并进行修订和最终确定。

3. 使用上一步确定的需求模型来评估需求集。确认已经定义实现所有过程、数据对象和状态过渡所需要的需求。必要时更新需求和模型，使其保持一致。

4.3　实践 #12：原型创建和评估

在理想的世界中，业务分析师可以只是简单问一下用户的具体需要，然后把答案记录在需求规范中。但在骨感的现实中，用户更有可能如此回答："我不能告诉你我需要什么，我要看到了才知道 [IKIWISI]。"IKIWISI^① 这个缩写词承认了仅依赖于概念、文本和图表来探索需求时面临的挑战。正如我们在 4.2 节"实践 #11：创建需求模型"中所看到的，相较于创建和描述全新的东西，人们会觉得批判摆在自己面前的东西更容易。

向用户展示工作软件的原型和早期版本，让他们了解可能的解决方案，然后在此基础上加以完善，这个过程背后的理念就是 IKIWISI。原型可以是一个部分的、初步的或可能的解决方案，对目前设想的最终解决方案的模拟或者一个新产品早期版本的演示或预览。

原型可以为需求的征询、确认和设计提供帮助。原型可以使需求具体化。用户可以和原型交互（以物理或概念方式），以澄清和明确他们真正的需要。以迭代方式修订一个可能的解决方案，参与者可以就解决方案的必要能力和特征达成一致。原型是确认需求的一种方式，否则这些需求会被记录在图表和难以具体化的自然语言中。原型跨越了需求和设计之间的模糊边界，可以帮助评估人从概念过渡到现实。

---

① 译注：I'll know it when I see it 的缩写是 IKIWISI。

急于交付可工作的代码并不能替代使用各种需求征询和分析技术来探索需求。即使创建的是第一个原型，也需要一些信息来表达利益相关方的期望或商机。另外，相较于在更高层级的抽象（例如概念、模型和需求）迭代，对可执行原型或早期产品发布中的代码进行迭代成本更高（Wiegers 2022）。原型也不能替代需求文档。一个用户界面原型只是暗示隐藏在屏幕后面的功能和数据相关细节。尽管有其局限性，但原型设计能有效地降低构建错误或不可行解决方案的风险。

4.3.1 进行原型设计的原因

如果需求能够得到充分理解，那么用户界面设计就是一个"照本宣科"的过程。而且，如果已知技术是可行的，那么我们就不必费心去做原型，直接构建产品即可。原型的价值在于能回答问题和解决不确定性。敏捷团队创建原型的目的是"快速失败"（fail fast）。换言之，快速了解哪些方法或解决方案效果不佳，以此来调整策略以更好地满足用户需要。可以在项目的早期创建一个原型，以决定是购买还是自己构建解决方案。甚至可以在购买之前用自己的数据来试用商业现货（COTS）产品，以此作为一种原型体验。有几种原型可以帮助实现这些目标（Wiegers and Beatty 2013）。

交互设计原型为用户提供了一个视觉表示，帮助他们评估基于当前需求集的解决方案是否能让他们有效地完成工作。可以为一些可能的屏幕制作模型，并要求用户想象他们如何与之交互以完成某些任务。相反，技术设计原型可以让开发团队在承诺采用特定的技术方法之前探索幕后存在的问题。通过评估，可能发现某些需求不可行或者没有较高成效比。表 4.2 列出了创建这两类原型的一些原因。

表 4.2　创建两类原型的原因

交互设计原型	技术设计原型
验证对业务问题的理解	评估技术可行性
澄清不明确的需求	评估潜在的性能
确认需求集	评估提议的架构设计、数据库模式或核心算法
发现之前没有说明的功能	确认技术集成和组件接口
改善业务任务流	判断实现成本和风险
揭示需要处理的异常情况	看提议的技术方法是否满足关键质量属性需求
发现相关的业务规则和假设	
揭示不太常见的场景	
收集对视觉设计特征的反馈	
改善可用性设计	

交互设计原型还可以达到另一个有用的目的。某些新的信息系统会导致组织业务过程发生变化。那些习惯某种工作方式的用户很难设想一种全新的工作模式，因而会抵制这种变化。很多时候，新系统的实现只是一顿操作猛如虎，不分青红皂白地"重新给牛铺一条路"①，在更新界面的同时保留过时的、低效的过程。重大的过程和应用程序变化会迫使用户走出舒适区。这些变化有时需要额外的培训，以至于改变甚至威胁到员工的工作。

有影响力的用户代表与软件团队合作开发和评估原型，可以缓解这种令人不舒服的过渡。一个 BA、一个用户体验（UX）设计师和一些用户可以探索系统如何支持新的业务工作流。相比等到新系统上线后再解决，最好在原型设计期间就解决用户可能抵触的地方。这种参与还能让用户对新的未来状态建立信任和认同，使其能带领组织中的其他人完成过渡。

---

① 　译注：原文为 paving the cow paths，指无脑地把一些东西自动化，而不想这样做是否合适。牛的速度本来就慢，还另外为它铺设很多条路，这样做不仅无法解决问题，甚至还浪费了资源。

4.3.2　如何进行原型设计

把原型设计看成是一个实验。刚开始的时候，有一个想要测试的假设或者一些想要探索的问题。下面是一些可能的假设：一组需求是正确和完整的、一个特定的用户界面设计方法会受到用户的欢迎或者一个提议的技术策略是合理的。然后，设计一个实验来测试假设，构建一个或多个原型，从原型评估中收集信息来支持或否定最初的假设，并相应地修改方法。

交互设计原型的复杂度和逼真度程度不一（Coleman and Goodwin 2017）。它们的范围从低保真到高保真，关系到用户界面显示的细节和精确程度（Robertson and Robertson 2013）。原型可以是静态的、完全可执行的或者介于两者之间的。表 4.3 展示了几种复杂度和逼真度不一的交互原型设计方法。有几十种软件原型设计工具可以用来加速这个过程（如 Capterra）。

表 4.3　交互设计原型的几个类别

原型类别	描述
草图	一个简单手绘的、低保真的、可能的屏幕布局示意图。评估者可以在不受屏幕设计细节的干扰下可视化可能的交互，也称为"纸上原型"
线框	将应用程序的初步视觉设计与信息架构相结合的一种屏幕设计布局。可以以低、中或高保真度绘制，通常使用单色来鼓励评估者更关注屏幕的功能而非外观（Hannah 2022）
可导航线框	可以是任何保真度的线框，其中集成导航操作，允许评估者按步骤浏览执行任务所涉及的屏幕序列。这是一种具象化用例的方式
模型模拟	某些分析建模工具允许通过一些可能的执行路径来采用用户指定的逻辑和数据以模拟模型的执行。不涉及视觉界面
可执行原型	解决方案的一个已实现的交互式成果，行为看起来接近于实际产品的某个部分。具有中或高保真度视觉界面。需要编码、真实数据和可操作的界面功能

至于创建哪种原型，取决于具体想要了解什么。进行需求探索时，低保真线框就足够了。高保真原型最适合用来完善详细的用户界面设计。有了屏幕导航原型，评估者就可以模拟使用场景，并借此来完善和确认任务流程以及解决方案需求。可执行原型对于使用性设计特别有价值。

作为一个例子，图 4.6 展示了 Speak-Out.biz 出版平台上用于"查看文章统计"用例的两个中保真线框原型。我们已经在 3.1 节"实践 #6：理解用户需要用解决方案来做什么"描述了这个出版平台。左图是网站移动版所有文章和基本统计数据的高级视图，右图是作者在选择一篇文章后查看其统计数据时显示的更多细节。

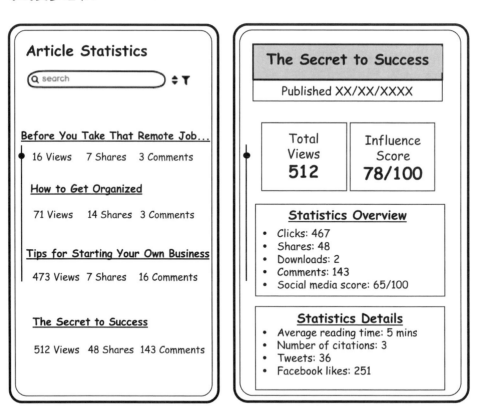

图 4.6　线框图描述用于分析交互和内容 UI 元素

与用户合作构建和评估原型时，请记住以下几个小窍门。

- 根据自己想要了解的信息来选择合适的参与者。从合适的用户类别中选择合适的人，无论这些人是专家、新手、特定系统功能的用户还是其他群体。

- 尽可能让原型保持简单。如果要使原型看起来像最终产品，就肯定需要付出更多无谓的努力。原型看起来越精致，用户和开发人员就越不愿意修改或者不愿意在达到个人目的后扔掉它。简单的原型可以更快做好，以促进快速迭代和回答需求方面的许多问题。

- 抵制这样的诱惑或要求：持续增加功能，"只是想看看它像什么样子"，除非增加的这些功能可以让原型提供的信息增加价值。

- 创建脚本来指导用户执行特定的活动或场景。在脚本的战略位置加入问题，以征询得到必要的信息。

- 不要指导原型评估者如何使用原型。让他们自己过一遍任务，比如观察工作流是否自然、他们学习使用界面的速度快不快、他们犯了多少错以及他们有多喜欢（或讨厌）它。

- 不要受那些想过早调整用户界面的用户或设计师干扰。换言之，选择恰当的保真度来快速实现原型设计目标。

- 使用评估反馈来完善需求。必要时运用新的知识来创建更多原型、迭代，直到获得更多的见解。

4.3.3　原型的命运

作为 BA，在用户评估原型之后，你必须决定如何处置原型。一个简单的、静态的交互设计原型在其目前形式下显然没什么用。需要保留原型所揭示的知识，然后丢弃原型。事实上，这种原型本来就叫"一次性原型"或"抛弃式原型"。也可以从技术设计原型中获得见解，然后完善所计划的技术方法以构建解决方案。

可执行原型则比较棘手。虽然它们看起来很像最终产品，但并不意味着它们是可用的，可能它们只是实现了那些迫切需要澄清的功能而已。原型不够健壮，通常缺乏完善的架构和良好的实现特征，例如输入数据验证和错误处理，因为它们只实现了足以得到用户反馈的最基本的代码。可执行原型很少揭示解决方案的质量特征：性能、效率、健壮性、可用性、可靠性、可维护性、安全性和可移植性。管理人员或客户可能会给开发团队施加压力，要求他们完成并立即交付足以用来演示的原型。然而，仓促的实现策略可能会导致我们欠下大量技术债务，使得将来修改系统变得更加困难。

团队应该一开始就对可执行原型的意图达成一致。是先把它当作学习工具以及后期再来构建真正的解决方案，还是先作为初始产品发布以及后期再把它迭代为解决方案？把这个意图清楚传达给所有参与原型设计的人，使团队不至于过早发布有一些严重质量缺陷的产品。

有计划的进化式原型开发对构建系统而言，较为合理。敏捷开发的重点是向用户快速交付有用的功能并利用反馈来指导后续的开发。从这一点来说，敏捷开发与进化式原型开发相似。关键在于，一开始就用生产质量的代码构建这样的原型或初始版本，这样能最大限度地减少技术债务，否则团队后期得花更大的成本来清偿技术债。

4.3.4　相关实践

以下实践与这里的实践 #12 相关。

实践 #10：分析需求和需求集。

实践 #11：创建需求模型。

实践 #18：需求评审和测试。

4.3.5　思考与行动

1. 确定项目需求中不确定但能够受益于原型设计的领域。制定一系列有待进一步探索的目标（参考表 4.2）。

2. 判断表 4.3 中的哪些原型类别对征询必要的信息最有帮助。选择一些用户代表为原型提供输入并进行评估。

3. 构建原型，让评估者来操作，使用脚本和精心安排的问题来征询必要的需求信息。

4.4 实践 #13：需求优先级排序

需求的问题在于，由于存在时间、预算和资源的限制，所以团队总是要对需求进行取舍。即使最终能够实现所有要求有的功能，但也不可能一次到位。为了在最短时间内交付最大的业务价值，必须决定先构建哪些产品能力。

4.4.1　优先级排序的挑战

有的时候，利益相关方之所以期望获得能力，只是因为他们把它作为需求提了出来。他们问："如果不需要，我为什么会把它告诉你呢？"尽管都称为需求，但有的需求比其他的更需要。

进行优先级排序时，要考虑每个需求对实现项目的业务目标有多大的贡献。在必要的时候，团队会根据优先级决定推迟或忽略产品待办事项清单中的哪些工作事项。任何优先级排序过程都必须考虑重要性（有多需要）和紧迫性（多快需要）这两个维度。

很难让人们承认他们希望在解决方案中看到的东西并非必不可少。他们担心自己可能永远得不到自己认为优先级较低的一些功能。嗯，是的，这就是问题的关键。如果不能交付所有东西，那么就要确保交付其中最重要的功能。为了帮助利益相关方评估一个特定功能的必要性，可以提出下面几个问题。

- 没有这个功能怎么办？
- 是否有一个手动或自动的权宜之计？
- 如果没有这个功能，是不是意味着有些任务无法执行？

- 如果这个功能在第一个发布中没有实现，会对业务产生哪些成本或风险？如果一直不实现呢？

由于优先级是相对的，所以在发现第二个需求后，就要着手进行优先级排序。这个行动贯穿于整个开发周期，甚至延到发布之后。一旦有新的需求或变更请求出现，团队都要根据剩余的工作来评估它，从中知道它在队列中所处的位置。随着业务目标或竞争市场的演化，最初计划后期才开发的功能可能出现优先级提升的情况。

这里的"需求"是团队要处理的与需求相关的任意类型的对象。它们可以是单独或成组的功能需求；功能或子功能；用例或单个用例中的流程；史诗或用户故事。优先级是相对的，所以只有在类似的颗粒度上比较才有意义。

例如，对一组用例有了足够了解后，我们就可以进行第一轮优先级排序。然后，分析和评估每个用例中各个流程的相对优先级，选择一个合适的实现顺序（先实现正常流程）。如果其他能力更重要、更紧迫，那么可能永远不实现某些替代流程。

4.4.2 影响优先级的因素

优先级排序具有一定的挑战性，因为不同的利益相关方有不同而且经常冲突的利益。优先级排序过程容易演变成一场情绪化的辩论。每个人都认为自己的需求最重要、最紧迫，但是，并不是说谁的嗓门大就听谁的。在为一个特定的开发周期选择要开发的东西时，相比其他人，某些利益相关方——例如受青睐的用户类别的代表——更重要。一个功能之所以比另一个功能具有更高的实现优先级，有多方面的原因，如下所示（Leffingwell 2011，Robertson and Robertson 2013，Wiegers and Beatty 2013，IIBA 2015）：

- 交付的客户价值或业务价值如何？
- 对项目目标或开发迭代目标有多大的贡献？
- 谁提出的要求？

- 预期的使用频率如何?

- 实现成本、时间和技术难度如何?

- 时效性(紧迫性、机会窗口、合规性、合同承诺)和延迟实现的潜在成本如何?

- 发生变化的可能性有多大?

- 对必须一起实现或以特定顺序实现的其他需求是否有依赖?

- 实现、推迟或忽略它可能带来哪些技术或业务风险?

- 是否可以减少未来开发活动的风险或为未来的战略价值奠定基础?

- 对法律、监管、认证或安全性的必要性如何?

进行优先级排序时,另一个挑战是价值很难进行量化。通常很难将每个用例、用户故事或功能所能提供的收益转变成具体的数字或金额。值得庆幸的是,优先级是相对的,而不是绝对的。所以判断一个功能与另一个功能的相对价值就够了。

4.4.3　优先级排序技术

项目团队使用许多方法对需求进行优先级排序。使用最简单的、适合自己团队的方案即可。如果通过谈话和握手就能达成协议,就更好了。不过,通常情况下,更容易受益于一个更结构化的方法。优先级排序由下面 4 个步骤组成。

1. 确定做优先级决策的人(参见 2.5 节"实践 #5:确定有决策权的人")。

2. 就优先级排序方法和考虑候选需求的标准达成一致。

3. 根据这些标准评估候选需求。

4. 在一个需求集中对优先级进行排序并将需求分配给接下来的开发增量。

表 4.4 总结了几种优先级排序技术(Wiegers and Beatty 2013,IIBA 2015,Simplilearn 2022),其中一些技术(例如排名排序)适用于需求量少的情况,

但在需求量很多的时候就捉襟见肘了。需要选择与这些方法匹配的颗粒度。对 20 个用例或用户故事进行优先级排序完全没有问题，但如果要对几百个详细需求进行优先级排序，就不现实了。

表 4.4　一些需求优先级排序技术

技术	描述
三级量表	将需求分为三个优先级类别： • 高：既重要又紧急（必须包含在下一个发布中） • 中：重要但不紧急（必须实现，但可以等到后续发布） • 低：既不重要也不紧急（有当然好，但没有也无所谓）
MoSCoW	需求的四级分类： • 必须（Must）：必须满足，否则解决方案不会被认为是成功的 • 应该（Should）：如有可能，应该包含在解决方案中，但它不是成功的必要条件 • 可能（Could）：想要的能力，仅在时间和资源允许的情况下实现 • 不会（Won't）：当前不在范围内，但可以考虑放到未来的发布中
配对比较	逐对比较需求，以确定每对需求中更重要的。针对整个需求集重复此过程，使最高优先级的需求能够置顶
排名排序或栈排序	顺序排列所有需求，最重要的在栈的顶部，最不重要的在底部。栈的顶部只能有一项
卡诺模型	将潜在功能分为四组（Munagavalasa 2014）： • 基本功能：产品生存需要，而且是客户期望的。缺了它们将导致客户不满 • 线性功能：丰富产品的能力，提升客户满意度 • 魅力需求：差异性功能，有的话，会增加客户满意度，但缺的话也不至于引发不满 • 冷漠功能：对客户满意度几乎没有影响

技术	描述
相对加权	一种基于电子表格的分析方法，参与者根据 4 个类别（可以有不同的权重）对每个功能进行打分，得分为 1~9： • 包括该功能的话能产生的收益 • 该功能缺失的话，会有什么后果 • 实现该功能的成本 • 实现该功能所涉及的风险 然后，电子表格根据分数来计算相对优先级。按照计算出的优先级对列表进行排序，得到一个按优先级排序的功能列表 另一种相对加权方法是加权最短作业优先（Weighted Shortest Job First，WSJF）（Scaled Agile 2021b）。该技术计算每个功能的延期成本（价值、时间紧迫性和风险减少或机会促成），然后将其除以相对成本或规模（size）
标准矩阵	一种基于电子表格的分析方法，优先级排序的参与者选择有助于优先级决策的标准，并根据其相对重要性对这些标准进行加权。然后，他们根据每个标准对每个候选需求进行打分。电子表格根据加权分数计算每个候选需求的最终得分（Gottesdiener 2005，Robertson and Robertson 2013）

4.4.4　通过逐对比较对质量属性进行优先级排序

评估每对需求组合以判断哪个最重要，这在需求多达几十项的时候并不现实。然而，在评估各种质量属性的相对重要性时，成对比较的话，效果特别好，这些质量属性已在 3.4 节"实践 #9：征询和评估质量属性"中进行了介绍。或许只需要考虑 12 项或 15 项，这个规模是可控的。Brosseau（2010）创建了一个有用的属性优先级排序电子表格工具。图 4.7 把它用于 2.3 节"实践 #3：定义解决方案的边界"所描述的餐馆线上订餐网站。

属性	分数	可用性	效率	完整性	可修改性	性能	可靠性	健壮性	可扩展性	安全性	使用性	可验证性
可用性(AVAILABILITY)	4		<	^	<	<	^	^	<	^	^	^
效率	0			^	^	^	^	^	^	^	^	^
完整性	8				<	<	<	<	<	^	^	<
可修改性	1					^	^	^	^	^	^	^
性能	4						^	^	<	^	<	^
可靠性	7							^	<	^	<	<
健壮性	7								<	^	^	<
可扩展性	2									^	^	^
安全性	10										<	<
使用性	7											<
可验证性	5											

图 4.7　线上订餐网站的质量属性优先级排序矩阵表明，安全性和完整性是最重要的两个属性

从 Brosseau 的电子表格（可从本书网站获取）开始，首先决定众多质量属性中哪些与当前产品有关。然后，针对每一对属性，指出哪一个对产品成功更重要：单元格中的 < 符号表明该行左侧的属性更重要；^ 符号表示该列顶部的属性更重要。电子表格的第二列显示每个属性的得分。另外，也可以在单元格中写出每一对"获胜"属性中哪个获胜，然后统计每个属性在矩阵中出现的次数。在图 4.7 中，安全性在显示的全部 11 个属性中最重要，得分为 10 分；效率最不重要。可以使用这个电子表格工具，用成对比较方法对任意小型需求集进行优先级排序，而不仅仅是质量属性。

4.4.5　分析性优先级排序方法

表 4.4 中的大多数优先级排序方法都没有提供如何判断需求相对优先级的指导，但有两种分析性方法例外：相对加权（relative weighting）和标准矩阵（criteria matrix）。依托于这些方法，参与者可以全盘考虑可能影响优先级决

策的多个维度，然后从这些维度来评估候选需求。这种方式更客观，模仿的是团队的思维过程。计算出来的优先级为讨论提供了一个起点，使大家就早期开发迭代要实现的功能达成一致。可以从本书配套网站下载用于相对加权和标准矩阵优先级排序的电子表格。

图 4.8 中的标准矩阵分析了一个虚构产品提案中的 9 个功能。这个示例分析考虑了 6 个标准。但是，每个人都可以使用自己认为有意义的任何标准。每个标准都有一个相对重要性权重，权重的总和应该为 100。优先级排序团队根据每个标准对每个功能进行打分，得分为 0~10。然后，电子表格计算加权标准分数的总和，得到每个功能的分数。一些负面因素（如实现成本和技术风险）要减去，而不是加上，由此得到最终的分数。根据这一分析，功能 1 和功能 7 应该具有最高的实现优先级，其分数分别为 4.3 和 3.6。功能 5 和功能 8 的分数最低，因而可以等（也许遥遥无期）。

				标准			
权重:	25	10	20	15	15	15	100
功能	业务价值	谁要求的	使用频率	实现成本	技术风险	时效性	范围
功能1	10	4	7	4	2	6	4.3
功能2	5	4	7	2	2	5	3.2
功能3	7	8	4	5	5	10	3.4
功能4	4	5	3	3	1	5	2.3
功能5	4	4	2	6	3	5	1.2
功能6	6	8	6	4	8	8	2.9
功能7	5	8	10	3	7	7	3.6
功能8	2	3	3	3	3	7	1.6

图 4.8　标准矩阵优先级分析根据一组加权的评估因素，为每个候选功能计算分数

为了结合各种不同的优先级排序方法，可以考虑先使用三级量表或 MoSCoW 方法的颗粒度分类。这将揭示出明显的、最优先的功能（或用户故事等），这些功能必须出现在初始发布中，使应用程序显得有用。然后，应用

排名排序（rank ordering）或者一种分析性技术（表 4.4 中最后两种技术），拉开每组中的不同需求项之间的差异。当团队按照优先级列表的顺序开展工作时，可以确信他们始终在交付最重要的功能。

有些敏捷项目采用的方法是先发布一个精简版产品。作为一种学习手段，它只需提供足够的功能来测试市场并获得用户的反馈。这种技术有时称为"最小可行产品"（minimum viable product，MVP），可以让我们以很低的成本来评估解决方案的思路、对客户的吸引力、所用的技术方法及其与业务目标的一致性（Agile Alliance 2022b, ProductPlan 2022），团队从中获得必要的知识来确定未来的功能优先级。

利益相关方对优先级的期望必须一致。无论团队选择哪种方法，都要把这种技术及其背后的理由传达给关键的利益相关方，包括高管。否则，当他们在最初精简版产品中没有看到自己期望的所有功能时，可能会感到困惑，或许还有一些不高兴。

决定最优先的需求以及其他需求的实现顺序是最重要的需求实践之一。对待办事项进行动态的优先级排序，是需求征询到解决方案交付这个路线图的核心组成部分。

4.4.6　相关实践

以下 6 个实践与这里的实践 #13 相关。

实践 #2：定义业务目标。

实践 #4：确定并描述利益相关方。

实践 #5：确定有决策权的人。

实践 #6：理解用户需要用解决方案来做什么。

实践 #10：分析需求和需求集。

实践 #19：需求基线的建立和管理。

4.4.7　思考与行动

1. 根据重要性和紧迫性评估下一个迭代或发布计划的需求。该分析是否会改变列入该开发周期计划的需求之优先级？

2. 回顾本节前面影响需求优先级的因素清单。确定哪些因素能帮助团队决定优先级以及其他未列入该清单的因素。团队在进行优先级分析时，可以创建一个自定义的清单。

3. 从表 4.4 中选择三种可能适合当前项目的优先级排序技术。为一组需求样本尝试每一种技术，看哪种技术最高效和最有效。

4. 参考图 4.7 的示例分析，对当前产品进行质量属性优先级排序。

第 5 章
需求规范

我们人类的记忆并不完善，也不完整。记忆会随着时间的推移褪色和扭曲，而且，它也是其他人无法读取的。为此，软件团队应该记录之前积累的需求相关信息作为一个持久的集体记忆。

有的人嫌麻烦，不喜欢记录需求或其他项目信息。然而，相较于未来获得或重新获得知识的成本，记录知识的成本其实很低（Wiegers 2022）。深思熟虑后选择并合理维护文档是一个明智的投资，可以改善项目参与者彼此的合作，并随着时间的推移刷新记忆。一旦有新的团队成员加入正在进行的项目，已经记录好的需求也有助于他们跟上进度。

需求规范（requirements specification）这个术语既指需求知识的记录，又指最终的交付物。不同的需求规范在内容、结构、形式、细节和正式性方面有很大的差异。

- **内容**包括业务需求、系统需求、用户需求、功能和非功能解决方案需求、数据需求以及项目参与者完成工作所需要的其他所有信息。除了需求陈述 / 需求声明本身，可能还要以需求属性（requirement attribute）的形式记录与其相关的各种元数据。

- 团队可以用文档、电子表格、数据库、需求管理工具、维基、便笺或墙上的便利贴来**结构化**需求。每种结构各有其优缺点。可搜索的存储结构更有价值。根据项目的规模和复杂程度将这些信息汇总到同一个集合中或者将其划分到多个不同的容器中。本书作者之一卡尔曾经与一家公司合作，该公司要构建一个巨型软件产品。他们有一个顶级系统需求规范（其中大约有 800 项需求）还有 20 个类似规模的软件需求规范，每个子项目一个。将所有这些信息都存储在同一个容器中显然行不通。

- 可以运用多种**形式**来记录需求信息，每种形式呈现需求的一个视图。文本是最常见的形式，其他选项还有图表、数学表达式以及原型等。对于特定类型的信息，某些形式比其他形式更为简洁有效。但是，不可能一个需求视图便足以让我们了解问题或其解决方案的全部信息（Wiegers 2006）。

- 如果系统实现要外包或者是关系到生命安全的产品（其中有多个软件和硬件组件），那么它们的需求规范就需要大量细节。如果团队开发的是低风险产品，而且大家都在同一个地方办公并且配合密切，那么就可以不需要太多书面细节，尽管他们仍然得面对人类记忆的局限性。

- 结构良好的模板会留出许多位置（类似于记忆槽①）来组织各种类型的信息。相比在墙上贴满便利贴，基于这种模板来写规范更正式。便利贴很容易分组和重新排列。在诸多需求存储方式中，在数据库中存储需求最正式、最系统化。然而，形式正规并不意味着编写并记录了**优秀或正确**的需求。

针对不同信息类型的记录，本章要讲述以下 4 个核心需求规范实践。这些实践的目标是让所有项目参与者了解并向其共同目标看齐。

- 实践 #14：以一致的方式编写需求。
- 实践 #15：以结构化的方式组织需求。
- 实践 #16：确定和记录业务规则。
- 实践 #17：创建词汇表。

---

① 译注：1975 年，明斯基提出著名的框架理论：人们对现实世界中各种事物的认识都以一种类似于框架的结构存储在记忆中。这里的框架（frame）是一种用于描述对象（事物、事件或概念）属性的数据结构。每个框架又由若干个被称为槽（slot）的结构组成。每个槽又可根据实际情况划分为若干个侧面。

5.1 实践 #14：以一致的方式编写需求

每当看到"编写需求"这个短语，我们就会自动在脑海中把它转换为"表达需求知识"。自然语言文本可能永远是记录软件需求最流行的方式，因为人们平常就是这样交流的。但还有其他许多替代方法，如可视化模型（图）、测试、屏幕设计、原型、决策表和数学表达式等。即使是文本，也可能有多种形式：叙述性段落、项目符号列表、分级编号的需求陈述、表格以及避免重复文本的结构化列表（Wiegers 2006）。

每种方式各有其优势和不足。关键是选择能清晰、高效和准确传达特定信息的表达方式。歧义在需求中相当常见，以至于每个 BA 都应该掌握无歧义需求陈述表达方式（Wiegers 2006）。最首要的目标始终是清晰有效的沟通，而不过于追求风格的纯粹性或者遵循某些标准或约定。

一致地遵循某些模式和约定，可以使文本需求的编写更容易。写需求的时候，不必为每个需求如何组织而犯愁，从而避免了风格混乱的情况。读者知道特定类型的每个需求有什么信息。遵循模式的话，可以确保所有必要的信息都有，并使读者更容易找到他们需要的东西。

5.1.1 常见需求模式

功能需求约定使用关键字"应该……"来陈述系统在特定条件下应该如何表现或者提供什么能力。这种需求的常见模式如下：

- *< 用户类别 > 应能 < 做某事 >*；
- *系统应 < 让用户类别做某事 >*；
- *当 < 某些条件为真或某些事情发生时 >，系统应 < 做某事 >*。

第一个模式侧重于用户能做什么，第二个模式和第三个模式则侧重于系统能做什么。使用任何一种模式——用户行动或系统行动——以最清楚的方式传达每个需求。以下示例需求展示了两种可选的措辞，两种都很优秀：

Security.Admin.1. 房主应该能修改安全系统的密码。

Security.Admin.1. 安全系统应该允许房主修改密码。

在编写需求时，可以遵循下面几个良好的实践（Alexander and Stevens 2002，Wiegers 2006）。

- 使用简短的陈述句。如果是多页长篇大论，就会导致读者不得不从冗长的文字中提取出每个需求，显然，这容易引起混乱。
- 使用主动语态，清楚说明每个行动由哪个实体执行。
- 引用具体的用户类别，而不是使用常规的"用户"一词。
- 如果有任何可能引起歧义的情况，请采用更具体的名称（"安保系统"），而不是简单地说"系统"。
- 用唯一的标识符来标记每个需求。避免使用项目符号列表，因为没有更好的方法来引用这种列表中的特定项。
- 避免使用"和"（and）、"不"（not）、"或"（or）、"但"（but）、"除非"（except）和"否则"（else）这样的词来合并多个独立的需求。

有些人反对使用"应该"（shall）。他们抗议说，阅读一长串"系统应该……"让人觉得无聊，人们平常都不这样说话，"应该"具有歧义，等等。然而，最好坚持使用一个术语（例如"应该"并保持一致使用，特别是在陈述功能需求的时候。一些人在写需求的时候随意混用"应该"和意思差不多的一些词，例如"必须"（must）、"将"（will）、"可以"（may）、"应该"（should）①、"能"（can）、"应能"（could）等。这种混用会导致读到需求的人怀疑它们之间真的有区别，如这些词所表达的必要性或优先级。一些政府标准确实精确规定了每个这样的词应该在什么情况下使用。然而，除非受制于这样的标准，否则坚持用"应该"来描述功能需求，相比使用各种类似的动词，这样做更不容易混淆。

---

① 译注：should 和 shall 的区别在于，should 有期望的意思：可以有，也可以没有，但希望有；shall 则表示"应"或"要"。

敏捷项目团队通过用户故事来记录期望的系统能力。在用户故事中，确定了谁想要这个能力、他们想要什么能力以及为什么要这个能力。

作为<用户类别>，我想<执行某个任务>，以便我能<实现某个目标>。

回到安防系统的例子，用户故事像下面这样写：

作为房主，我想修改安防系统的密码，以便我能防止以前的房主进入房子。

通过一致遵循模式，贡献用户故事的人可以清楚地陈述个人的需要和理由。确保故事中的<*用户类别*>是有需求的人类用户或其他用户类别（不同于软件系统或无生命的物体）。要考虑谁真正关心功能，特别是产品没有直接用户或用户界面时。即使用户不明显，也要保持对用户的关注，确保团队理解他们为什么要构建特定的功能以及为谁而构建。

当敏捷团队补充用户故事的细节以准备实现时，通常会写一套验收标准而不是一套功能需求。一些验收标准被写成测试并遵循 Given-When-Then 模式，详情可以参考 6.1 节"实践 #18：需求评审和测试"。

5.1.2　抽象层次

一个大型的、专业的创作系统规范包含如下需求：

系统应响应应通过语音输入的编辑指令。

这个需求与其他几百个需求混杂在一起，并不见得比其他需求更大或更小。然而，这个简短的陈述掩盖了大量的复杂性。事实上，它意味着一个完整的语音识别子系统（在计算机和移动设备默认内置语音识别功能之前）。虽然可以把这个需求重述为一个用户故事，但仍然没有揭示出背后的复杂性：

作为作者，我想通过语音输入编辑指令，以便我能更快地写作。

如果是从头开始构建一个语音识别系统，那么这显然就是一个很大的需求！即使是与第三方语音识别组件集成，也有大量工作要做。但是，它仍然被陈述为一个需求。

就其性质而言，有些需求比其他的需求大得多，而且不同类型的需求在不同的抽象层次上描述信息。我们可以使用两种技术来使需求集更容易理解。

1. 在一致的抽象层级或颗粒度对需求进行分组。

2. 利用需求层次结构来管理不同层级的复杂性。

图 5.1 展示了几种需求对象的相对抽象层级。功能需求和验收标准位于最低抽象层级——或者说最细的颗粒度。两者从不同的角度描述系统行为的某一个方面：要构建什么（需求）或者如何判断所构建的东西是否按预期工作（验收标准）。用户故事位于更高的抽象层级；每个故事可以有多个验收标准。用例则在一个更高的层级，需要多个功能需求或用户故事来指定一个用例的全部内容。

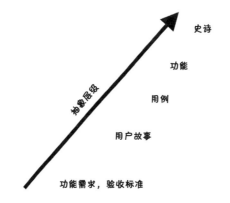

图 5.1　几种类型的需求对象的相对抽象层级

产品功能或特性是抽象梯度的下一阶。一个功能（feature）通常有多个用例或故事，每个分别描述用户可以用该功能的元素做什么。最后，敏捷项目将"史诗"（epic）描述为一个完整的用户工作流或许多工作（a body of work），其中包含多个用户故事，而且可能包含多个产品功能（Adams, n.d.）。史诗可能发端于一个特别大的用户故事，因而必须拆分为一组较小的故事，并计划以增量方式来实现。

在需求讨论期间，BA 应对这些抽象层级保持关注。有的时候，用户会描述一些功能，而在 BA 看来，这些功能只是用例、功能或史诗的一部分，需要做进一步的探索。在其他情况下，就像"通过语音输入的编辑指令"这个例子一样，BA 意识到用户提出的需求是一个更大的要求，必须做进一步的拆分来理解和计划。

为了管理复杂性，尽量不要把高级需求和详细需求混为一谈，认为它们是同一种类型的东西。需求开发涉及对细节的逐渐完善。关于史诗、功能或用例的信息不必太多，能进行优先级的相对排序和做进一步的分析即可。在实现前补充细节，使项目参与者清楚地了解要构建什么以及它应该如何工作。将高层级／高级对象拆分为相似颗粒度的组成部分（功能单元），理解它们的影响，更准确地估计构建它们需要多少工作量，并在此基础上计划实现顺序。也可以把详细的需求汇总到更高层级的分组中，以便更容易理解。以层次结构来组织需求规范，让读到需求的人任何时候都可以理解。

5.1.3　需求属性

需求陈述（需求声明）描述利益相关方的期望或解决方案的功能，但这只是一个起点。为了充分理解需求，还要指定几个额外的属性。以下属性能满足大多数项目的需求（Alexander and Stevens 2002，Robertson and Robertson 2013，Wiegers and Beatty 2013）：

- ID（这个需求如何用唯一的标签和／或名称来标识？）
- 作者（谁写的这个需求？）
- 起源（谁要求的这个需求或者它来自业务规则、用例或其他信息？）
- 理由（为什么要有该需求？利益相关方的目标或业务理由是什么？）

- 优先级（有多重要？相比其他，对它的需要有多迫切以及为什么？）
- 状态（需求如何通过其生命周期——从起草到批准或拒绝，然后实现、验证、推迟或删除？）
- 确认方法（如何确保该需求的人满足利益相关方的需要且是正确而必要的？）
- 验收标准（如何判断需求已被正确实现？）
- 版本历史（需求是如何随时间而演变的？）
- 估算（实现这个需求需要多少工作量？）
- 依赖（必须有其他什么功能或前置条件才能使该需求正常工作？）。

选择要记录的需求属性时，不要过度。从一个最小的集合开始，而不是一个冗长的清单——根本不会有人填写或使用这种清单。等团队尝到甜头后，再增加一些。

如果将需求属性存储在电子表格、数据库或需求管理工具中，管理起来就相对容易得多。如果将需求存储在文档、索引卡或便利贴中，就显得比较笨重。选择一个能容纳选定重要属性的存储结构，如 5.2 节"实践 #15：以结构化的方式组织需求"所述。

5.1.4　非功能需求

质量属性和其他非功能需求也可以用结构化的模式来指定。某些模式允许使用比模糊的自然语言更精确的方式来指定基本的质量特征，其中一种技术称为 Planguage（Plan 和 Language）。汤姆·吉尔伯（Tom Gilb）开发的这个 Planguage 提供了一套全面的关键词，可以引发人们仔细思考想要的东西以及如何准确表达这些期望（Simmons 2001, Gilb 2005）。表 5.1 列出了指定质量属性所需要的核心 Planguage 关键字，用一个可用性（availability）目标来说明。

表 5.1 用于定义质量属性需求的核心 Planguage 关键词

关键词	含义
标签（tag）	为需求分配的唯一标签，以分级方式表达：availability 和 maintenance downtime
愿望（ambition）	对需求意图的文字描述，执行预定的系统维护并安装升级，使其对受停机影响的用户的影响最小
量表（scale）	用于量化需求的度量方法，从系统下线到恢复全部功能之间的分钟数
度量（meter）	指出如何进行度量，从主机的系统时钟读得的离线和恢复访问的时间
目标（goal）	承诺的、会满足需求的目标值：每周平均不超过 1 小时
延伸（stretch）	更积极的目标值，以实现更大的利益相关方满意度，每月平均不超过 1.5 小时
理想（wish）	反映利益相关方最理想的目标值，这个理想并非不能实现，每年最多 4 小时

相较于写一个简单（可能不现实）的陈述，例如"系统应该 24 / 7 可用"，如果用 Planguage 来写质量属性需求，就需要进行更多的思考，占用更大的篇幅。对于那些必须进行全面严格规范的产品，斯蒂芬·维索尔（Stephen Withall）在其 2007 年出版的著作中描述了许多对功能、数据和质量需求进行精确规范的模式。

以一致的风格记录需求，不仅有利于轻松组织信息，还有利于读的人轻松访问和应用。和往常一样，只要有利于有效需求沟通，就都是好的，只要妨碍沟通，就都是坏的。

5.1.5　相关实践

以下两个实践与这里的实践 #14 相关。

实践 #9：征询和评估质量属性。

实践 #15：以结构化的方式组织需求。

5.1.6 思考与行动

1. 检查本小节针对可能需求属性提供的清单,选择一个能为团队提供价值的初始集合并要求团队成员填写和使用。

2. 回顾最近的一些需求,看它们是不是采用清晰易懂的模式以一致的风格写成并以相似的颗粒度指定。如果不是,请做适当的调整,使需求尽可能容易理解。

3. 审查需求集,看它们是不是以层次化的结构来管理大型需求的复杂性。如果不是,就考虑以层次化的方式重新组织,看这样做是否会使需求更容易使用和管理。

4. 试着用 Planguage 关键词模板写一两个质量属性需求。

5.2 实践 #15:以结构化的方式组织需求

每个软件项目只要有一定规模,就都会积累大量需求信息。在传统项目中,功能需求占比更大。敏捷项目团队创建一组用户故事来解释用户目标、解决方案特征和期望的功能。所有项目还有涉及用户类别和其他利益相关方、业务目标、质量属性、约束、假设和业务规则等的信息。

需求规范的子领域涉及如何记录和组织所有这些信息,以便项目参与者可以用它来指导自己的工作。组织良好的知识集有利于团队成员之间进行有效的沟通和协作,特别是不在同一个地点集中办公的团队。

5.2.1 需求模板

如果用文件来记录需求,就请采用组织认为有效的标准模板。如果是做不同类别的项目——大型和小型、内部开发和外包、低风险和高风险——就创建一个模板系列,让每个团队为自己的项目选择最合适的模板。

第 1 章中，图 1.1 确定用三个文档——或者更准确地说，容器——来容纳各种类型的需求信息组：

- 愿景和范围文档，用于业务需求（参见第 2 章图 2.2 的模板）；
- 用户需求文档；
- 软件需求规范，用于解决方案需求。

这些容器容纳不同的信息，尽管较小的项目可以把它们合并为单一的交付物。如本章开头所述，这些容器可以采取各种物理形式。为了方便起见，我们把这些容器称为文档（document）。无论怎么选择，每个项目都需要收集和管理出现在这些文档模板中的各种信息。

选择合适的模板有几方面的好处。模板中的不同部分（小节）提供容纳各种信息的槽（slot）。对这些部分进行组织时，要考虑到如何使其对那些必须访问这些信息的人有用，而不只是方便了写信息的人。模板也可以使开发团队的成员知道可以在哪里找到自己需要的信息。

任何需求过程都面临的挑战是发现缺失的信息。结构良好的模板可以作为检查清单使用，提醒人们避免忽略某些主题。BA 在需求开发过程中遇到信息时，能直接定位到模板的不同部分并进行填写，而不必从头到尾寻找。随着时间的推移，BA 可能注意到某些部分（例如愿景和范围文档中的"限制和排除"部分）是空的。这就提出了一些问题。是否存在任何限制或排除？对于这个问题，BA 是不是还没有与一些人进行必要的对话或探讨？他们是不是把有关限制和排除的信息放到了别的地方？如果某个主题确实没什么可说的，那就仍然保留这部分内容，但插入一条批注，例如"没有发现任何限制或排除"，让读者知道它并不是被忽略了。

好的模板必须全面，适合用于很多项目。在调整模板以满足每个项目的需要时，要使用"收缩以适应"（shrink to fit）方法（Wiegers 2022）。根据需要调整模板并进行下面这样的修改：

- 修订术语以反映当前项目、文化或受众；
- 只要不至于引起混乱，就想办法合并模板的不同部分以简化结构；

- 重新排列模板的不同部分，使交付物对相关读者最有意义；
- 只要有助于管理规模、复杂性、沟通或者文档的存储、访问和修订，就合并一些文档或将模板拆分为多个文档。

即使是字处理文档以外的某种结构存储需求，模板的思路也有价值。先规划好各种信息类别，以便在输入到达的时候直接加以组织。如果发现缺失的信息类别，则表明团队还没有考虑到某些主题。使用标题将通用信息归为一组。将功能描述与非功能需求、业务需求、数据定义以及其他需求区分开，以便能更好地进行组织。混杂着各种需求信息的一个没有条理的集合并不是需求规范，只是一堆想法而已。

5.2.2　软件需求规范

传统需求开发的核心交付物是一个软件需求规范（software requirements specification，SRS）。作为功能需求和非功能需求的主要容器，SRS 描述了解决方案的能力和特征。不同的组织对此交付物有不同的称呼，包括业务需求文档（business requirements document，BRD）或功能规范，或者简单称为"需求文档"。由于需求术语的混乱，以至于每个组织应该以一致的方式为交付物命名，并定义其内容和目的，让每个人都知道能在每个文档中找到什么。

图 5.2 展示了一个典型的 SRS 模板，可以从本书网站下载。《高质量软件需求》（第 3 版）配套网站上有许多类似的模板。这个模板为多种类型的需求相关信息包含相应的部分。一些项目可能不需要所有这些部分。但从一个全面的模板开始，可以从容地考虑这些类别中哪些确实与自己的情况相符。这总胜于因为没有想到而忽略了重要的东西。

图 5.2 中第 3 节"系统功能"通常是用该模板创建的任何文档中篇幅最大的一节。可以在这里找到开发人员要实现的功能需求。以对开发团队有意义的方式来组织功能需求。可以像本例展示的那样按功能分组，也可以按用例、事件和响应、用户类别、子系统、功能区、对象类或其他任何逻辑分组方式进行分组。

1. **引言**
   1.1 文档目的
   1.2 文档约定
   1.3 项目范围
   1.4 参考资料
2. **综述**
   2.1 产品视角
   2.2 用户类别和特征
   2.3 运行环境
   2.4 设计和实现约束
   2.5 假设和依赖
3. **系统功能**
   3.X 系统功能X
      3.X.1 描述
      3.X.2 功能需求
4. **数据需求**
   4.1 逻辑数据模型
   4.2 数据字典
   4.3 报告
   4.4 数据采集、完整性、保留和清理
5. **外部接口需求**
   5.1 用户界面
   5.2 软件接口
   5.3 硬件接口
   5.4 通信接口
6. **质量属性**
   6.1 使用性
   6.2 性能
   6.3 安保/安防①
   6.4 安全②
   6.X [其他]
7. **国际化和本地化需求**
8. **其他需求**
9. **词汇表**
10. **分析模型**

图 5.2　一个全面的软件需求规范模板 ③

---

① ② 译注：security 与 safety 两个词都有"安全"、"安防"/"安保"之意，仅有极其微妙的差异，前者侧重于预防、探测或应对，后者侧重于实现正确的运行、预防事故/风险或者减轻不良后果。security 多用于虚的，比如数据安全；safety 多用于实际的，比如人身安全。

③ 改编自《高质量软件需求》（第 3 版）。

有些项目可能产生额外的需求交付物。如 2.2 节"实践 #2：定义业务目标"所述，愿景和范围文档包含为项目其他工作奠定基础的业务需求。如果是一个复杂的系统开发项目，那么首先制定的是描述顶层（top-level）产品行为的一个总体性的系统需求规范（system requirements specification，SyRS）（ISO/IEC/IEEE 2018）。基于 SyRS，需求工程师可能编写多个软件和硬件需求规范来描述构成整个产品的子系统。政府组织经常创建一个运行概念（CONcept of OPerationS，CONOPS）文档来作为用户（或利益相关方）的需求规范，但通用于所有软件项目的交付物是 SRS。记住，它不一定是传统文档，把它想象为指定解决方案细节的信息容器即可。

用于存储需求的各种结构——文档、电子表格、需求管理工具、维基、记事本或其他东西——都有其优势和不足。无论怎么选择，都应该具备下面几个特性。

- 读的人应该了解需求如何组织、在哪里可以找到他们要找的东西以及如何使用这个集合。包括这方面的简要说明，如图 5.2 中模板中的 1.2 节"文档约定"所示。提供目录也很有帮助。

- 随着需求的来到、消失和变更，所用的存储格式都要便于修改。

- 用户应能搜索他们需要的信息。

- 单独的需求需要唯一和持久的标识符，以便引用并将它们与其他项目元素（例如测试）联系起来。分级编号方案非常脆弱，因为一旦在某个需求上方插入或删除其他需求，该需求的标识符就会发生改变。相反，基于分级标注方案的标识符（例如 Password.Temporary. Request）则可以保证唯一、持久且有意义。

- 这个结构应该支持定义各种需求属性，为每个项目提供更丰富的理解，如 5.1 节"实践 #14：以一致的方式编写需求"所述。

5.2.3 需求管理工具

需求文档有一个有效的替代方案：把信息存储到数据库中。有几十个需求管理（requirements management，RM）工具可以用（Smith 2023），有简单的、可免费下载的开源产品，也有复杂的、可处理庞大系统开发项目的商业软件包。相较于文档或其他表达方式，这些工具可以显著简化需求工作。它们提供了以下能力：

- 定义需求分类方案，以便单独存储不同类别的需求及其自定义属性。该方案与文件模板中的标题是呼应的；
- 跟踪单个需求的版本及其随时间变化的实现状态；
- 定义成对需求对象之间的可跟踪性链接，有时也可跟踪到存储在其他地方的其他对象，例如模型、设计元素、代码模块、测试和项目任务；
- 报告修改某个特定的需求可能导致哪些需求受到影响；
- 生成报告，按照用户指定的条件提取需求的子集并将结果格式化为 SRS；
- 从数据库中选择一个特定的需求子集，为特定的开发增量定义基线；
- 尽可能将需求重用于多个项目。

不要指望单买一个 RM 工具就足以替自己解决全部需求问题。从以前的需求结构转为使用工具，涉及技术和文化的变迁（Wiegers and Beatty 2013）。团队需要学习如何驾驭工具：何时将信息输入工具；谁可以创建、修改和访问内容；养成将工具用作权威需求库的习惯；保持内容的及时性等。

记住，这些是需求管理工具，而不是需求开发工具。它们不会帮助 BA 确定利益相关方、提出正确的征询问题、写没有错误的需求或者发现缺失的需求。最好在团队掌握这些基本业务分析技能后才考虑购入 RM 工具。

启动新的项目时，花些时间考虑如何用最有效和最高效的方式来组织、存储和沟通需求信息。决定为每种类型的需求记录哪些细节。所有参与项目的人都要能够随时找到自己需要的信息并在必要时进行更新。这将有助于确保所有人从同一个解决方案描述出发，齐心协力做出成果。

5.2.4 相关实践

以下两个实践与这里的实践 #15 相关。

实践 #14：以一致的方式编写需求。

实践 #16：确定和记录业务规则。

5.2.5 思考与行动

1. 将项目的需求集与图 5.2 的 SRS 模板进行比较。找出当前没有收集和存储的任何信息类别。如果项目团队认为这些类别的信息有价值，就修改存储——也许还有需求征询——过程，将它们纳入其中。

2. 评估当前需求存储机制的优势与不足。每个人是否都能迅速找到自己需要的信息？情况一旦发生变化，存储库是否会同步更新并让每个人都知道最新的需求？如果发现当前方法中存在任何问题，就修改以提高效率并避免未来可能的错误。

5.3 实践 #16：确定和记录业务规则

本书作者之一卡尔的朋友杰瑞米遇到一件糟心事。他访问当地血库的网站并预约了当天晚些时候的献血。然而，当杰瑞米到达血库时，工作人员却告诉他，当天不能预约，至于网站允许，那是网站的事情。对此，杰瑞米感到很恼火。

杰瑞米的经历说明软件不能正确执行或遵守既定规则时可能出现的问题。血库有一个政策：当天不能预约。但是，预约网站的设计人员并没有让软件遵从这个政策，因此，得由血库的工作人员手动执行，而且很不方便。

这个政策（策略）是业务规则（business rule）的典型例子。它不是软件需求，因为它也适用于手动操作。如果杰瑞米打电话到血库预约当天晚些时候的时间，工作人员会告诉他："对不起，我们不能进行当天的预约。"应该将这个政策作为血库预约系统功能需求的起源。每个人都需要了解相关的业务规则，而且必须以同样的方式解释和应用它们。在这个例子中，显然是有人失职了。

5.3.1　定义业务规则

业务规则（或业务逻辑）是定义或限制组织运作某些方面或影响组织内人员和软件系统行为的声明。正如杰瑞米遇到的情况，业务规则通常存在并应用于超出任何特定软件应用范围的情境。

业务规则的概念远远超出了企业业务运作及其相关信息系统这个明显的领域。所有企业的运作都基于一些业务规则，尽管可能不叫这个名字。就连游戏都有玩家和角色可以做什么以及不可以做什么的规则。

业务规则可以按照多种方式进行分类（von Halle 2002）。表 5.2 定义了几种常见的规则类别。许多规则对业务的运作施加了约束，包括对数据值和关系的约束，这可能影响到数据库的设计。

表 5.2　常见的业务规则类别

规则类型	描述
条款（terms）	业务概念定义
事实（fact）	对业务成立的一个陈述
约束（constraint）	对业务人员行为的约束，包括限制、禁止或要求执行某个活动
触发规则（action enabler）	对触发某个活动的条件或事件的陈述
推断（inference）	从其他信息或规则中推导出来的新的知识或规则
计算（computation）	一个陈述或数学公式，定义如何执行某个计算

可以根据不同的模式来编写业务规则，具体取决于业务规则的具体类型。约束通常遵循以下模式（Morgan 2002）：

<主体> 必须 [或不能，或只能]< 约束 >。

零售店可能有下面这些针对顾客退货的退款政策：

RET-1. 顾客必须出示收据才能获得退款。

RET-2. 对于购买超过 30 天的产品退货，只能提供店内代金券。

RET-3. 对于购买超过 90 天的产品退货，不提供退款服务。

触发规则可能遵循以下模式：

如果 < 某事发生或某个条件存在 >，那么 < 执行某个行动 >。

下面是在线商店的触发规则：

RET-4. 如果运费超过被退回的缺陷产品的售价，就通知顾客不需要
退回产品。

每个规则都应该有唯一的标识符，以便可以明确引用，而不必将其复制到
所有适用的地方。通过指向规则的主实例而不是到处复制，可以避免不一致的
情况。一个规则更新之后，指针方法将自动更新所有受影响的需求。

将业务规则与项目专属文档分开记录和维护。如果规则适用于整个组织，
就将其视为企业级资产。这还有利于将其以一致的方式重用于多个受这些规则
影响的软件系统中。

5.3.2　发现业务规则

每个组织都有一系列运作规则，但这些规则并不总是以一种方便访问的形
式被记录下来，有的时候，会被融合到组织的历史文化中，就像篝火旁流传的
部落传说一样。也许能从现有系统中提取业务规则，但这要求对需求或代码背
后的原理进行逆向工程以理解相关的规则。我们认为，这就是所谓的"软件考
古学"。然而，组织的核心业务逻辑不应该是从应用程序代码中提取出来的。

业务规则的一些常见来源包括企业政策（例如安全策略）、法律、法规、词汇表、数据目录和行业标准等。受监管的行业（例如银行、医疗和保险）有许多规则被编入适用的法规或公司政策中。政府机构受制于无数的业务规则。这些规则可能变得非常复杂，其交互方式需要在软件中非常详细地实现。像网络协议这样的接口标准也可以认为是业务规则。

在需求征询过程中，BA 应积极寻找和倾听可能潜藏着相关业务规则的地方。有的时候，比如领域主题专家与 BA 一起工作时，团队已经知道了这些规则。在其他时候，自己就能看出可能适用一些规则的地方并在征询过程中进一步探究。如果征询的参与者使用诸如"只有""必须""可能"或"不可能"这样的字眼，那么就表明他们心里可能已经有了业务规则。多问几遍"为什么"，便可以找到规则的来源。征询业务规则的过程有时还可以揭示以前未识别出来的利益相关方。

像实体关系图（ERD）这样的数据模型是寻找业务规则的好地方。数据对象之间的数值关系——基数——往往由业务规则定义。在需求征询讨论中使用数据模型的话，有助于我们理解相关规则。

一些业务规则会对特定的用例或用户故事产生影响。在执行过程中试图违反规则，会造成系统必须防止或处理的异常。为了避免未处理的异常引发问题，BA 应该编写需求，描述系统在规则被违反时引发的行为。在某些情况下，利益相关方可以发明与其在建解决方案有关的规则。出现在这些探索过程中的某些规则可能只影响手动业务过程，软件解决方案必须执行其他规则。

业务规则可能规定，某些人不得采取某些行动或访问特定的系统功能。在讨论需求的过程中，要倾听那些涉及可能适用权限、权限等级、责任或前置条件的需求。例如，某公司建立了下面的规则：

SHOW-1. 产品供应商不得参加展会，除非他们也是参展商。

还可以换一种说法：

SHOW-1. 产品供应商只以参展商的身份参加展会。

无论哪种说法，该规则都约束了谁能参加展会，规定了供应商在参会前必须满足什么具体条件。一个好的实践是，无论规则还是需求，都要尽量避免使用否定词（"不得"），尤其要避免双重否定和三重否定。尽量将否定句改为肯定句，后者往往要使用限定词"只有"。

记住，在需求征询讨论中这样问利益相关方"你的业务规则是什么？"不会有太大的帮助。利益相关方根本不会想"这个信息是业务规则，是用户故事，还是其他什么？"他们对此并不关心，他们只知道自己已经传达了重要的信息。这就需要 BA 对征询过程中收到的各种输入进行分类，以适当的风格指定每一项并将每一项存储到正确的容器中。

5.3.3　记录业务规则

好的业务规则与好的需求一样，两者有相似的特征。它们都需要清晰、完整、正确、一致、必要、无歧义和可验证。规则也可以有与之关联的属性，如它们的生效日期、规则的来源及其当前的负责人或维护者。

规则也会遇到与需求相同的问题。一个规则可能与另一个规则冲突或重叠。一个规则可能已经过时或者基于不再有效的假设。规则可能不精确或者不能涵盖某些条件（如数值范围的边界值）。例如，一个零售业务可能有规则说明购买不到 30 天和超过 30 天商品的退货政策，但没有说正好 30 天会怎样。

文本规则并不总是沟通信息的最佳方式。例如，某网店根据订单总价和顾客是不是会员来提供各种折扣和免运费的组合。虽然可以用自然语言来写所有这些规则，但如果选择图 5.3 那样的决策表来显示，我们显然更容易理解（Gottesdiener 2005，Wiegers 2020a）。例如，规则 DISC-5 指出，如果顾客订单总额为 50~100 美元（含）且是会员，那么他们将获得 10% 的折扣且免运费。

用决策表来表示业务逻辑，有助于避免边界值问题和遗漏某些逻辑组合。相比一套重复的文本规则，紧凑的表格格式更容易创建、阅读和修改。决策表——或者其可视化版本决策树——还有利于设计测试，可以确保不遗漏任何条件组合。

规则	DISC-1	DISC-2	DISC-3	DISC-4	DISC-5	DISC-6
条件						
订单总额（美元）	<50	50~100	>100	<50	50~100	>100
会员	否	否	否	是	是	是
行动						
无折扣	x			x		
10%折扣		x	x		x	
20%折扣						x
免运费			x	x	x	x

图 5.3　决策表显示条件的各种组合如何导致不同的行动或结果

5.3.4　应用业务规则

业务规则是一些功能和数据的起源，作为 BA，我们需要这些功能和数据来确保软件系统遵守每个规则。一个好的实践是使用表 4.1 中需求映射矩阵（Beatty and Chen 2012）那样的可视化技术，将从一个特定规则推导出来的需求追溯到那个规则。一旦规则发生变动或者有人质疑需求是怎么来的，像这样的逻辑关联就有用了。业务规则的变动经常触发对软件需求、测试、数据库以及与规则有逻辑关联的其他任何东西的更新。

本书作者之一卡尔每个月都要向银行支付一笔服务费，除非他在特定类型的多个账户（不含商业支票账户①）中保持一个特定的最低余额。最低余额政策经常变化，所以卡尔必须修改自己的资金管理策略以免被收费。只

①　译注：原文为 business checking account，也可以理解为"对公支票账户"。

要这些政策发生变化，银行就必须更新其软件系统。在单独的规则和执行这些规则的软件之间建立一个跟踪网络，有助于维护人员对规则的变化做出准确、高效的响应。

如果开发人员知道哪些规则或者哪些类型的计算会经常变动，那么他们就可以在设计的时候提前考虑是否需要方便修改。以航空公司的机票价格为例。每家航空公司都有无数关于票价计算及相关费用的政策和算法，而且一直在变。乘客可能需要支付 50 美元来托运第一件行李，除非乘客有商务舱或头等舱机票、有高级常客身份、购买促销升级套餐或者其他什么的。在设计程序时，相较于将这些规则硬编码到代码中，简单更新数据库条目来处理这种价格波动要容易得多。

如果只有少量业务规则，那么以手动方式管理它们及其与软件系统的逻辑关联就没有太大问题。但是，更复杂的情况需要自动化支持。如果使用需求管理工具，那么可以使用一个"理由"或"起源"属性，将衍生（推导）出来的需求追溯到它们的起源业务规则——无论该规则存储于何处。可以使用业务规则引擎来存储和管理大型规则集（Malak 2022）。可以将规则与业务工作流、特定的数据对象或者决策逻辑关联起来。这些引擎汇集适用于特定场景的所有规则，以协助软件做出决策，例如决定是否批准银行客户的贷款申请。可以使用业务规则引擎来有效避免业务逻辑与应用程序代码缠杂不清。

业务规则最初作为业务运作政策或规定出现，而不是作为软件需求。不过，其中许多规则会导出功能需求和数据需求。业务规则是项目需求拼图中的关键组成部分。

5.3.5　相关实践

以下 5 个实践与这里的实践 #16 相关。

实践 #6：理解用户需要用解决方案来做什么。

实践 #7：确定事件和响应。

实践 #8：评估数据概念和关系。

实践 #10：分析需求和需求集。

实践 #17：创建词汇表。

5.3.6 思考与行动

1. 为当前开发的应用确定所有的相关业务规则，了解它们如何影响需求和设计方法。记录哪些功能和数据需求能追溯到特定的规则（作为其理由或起源）。

2. 如果其他系统要向你的系统提供数据（或相反），请从那个应用中寻找任何可能影响该解决方案的业务规则。

3. 如果业务规则使用多个条件的组合来决定一个结果，那么就创建一个决策表，以确保已经捕获所有可能的组合及其行动或结果。

4. 建立一个存储机制和格式来记录组织的业务规则。构思一个方案来对业务规则进行唯一标识，以便团队成员在各种文档中引用它们，并定位正确的规则来指导其构建活动和测试活动。

5.4 实践 #17：创建词汇表

业务分析主要属于一种沟通挑战，而非技术或计算挑战。口头沟通和书面沟通的所有缺点都会对它造成影响。采用同一套词汇有助于参与者避免误解。因此，每个项目都应该积累一个词汇表，其中要包含重要术语、简称、首字母缩写和同义词，以确保每个人从项目一开始就对其含义有一致的理解。

如果组织创建了一系列相关的产品或者反复与相同的客户合作，那么项目词汇表就会发展成一个企业级词汇表，可以在多个项目中重用。每个项目都从那个全局性的词汇表开始，然后适当进行删减（"收缩以适应"）并添加任何针对当前工作的词条。确保项目词汇表中新的或更改的定义及时体现到企业词汇表中。

词汇表中的词条可以是与业务或应用领域、利益相关方角色和项目团队
角色有关的术语和行话。不要试图在这样的词汇表中包含每个项目的每一个术
语，而要只包含那些跨项目的术语。调和来自不同来源的同义词或冲突的定义。
建立一个机制来广泛分享收集到的这个词汇表，并保持实时更新。

5.4.1　沟通的同步

在面对面的交谈中，我们依靠语境、共同经历和肢体语言来确保所有人达
成共识。如果你和某人交谈时提到某个词时他们皱起了眉头，就表明他们有困
惑，此时应该迅速消除这种困惑。但在书面沟通或者交谈双方看不到彼此的情
况下，这一招就行不通，我们必须使用更精确的语言。

在审查某种化学分析仪器的需求规范时，卡尔注意到，文中一些地方提到
的是 chemical samples，另一些地方提到的是 runs。当他询问两者的区别时，
写规范的人承认说它们是同一个东西。在需求规范中，不适合创造性地改个说
法以求保持读者的兴趣。卡尔建议他们选择统一的术语并在词汇表中进行定义
且在文档中前后用法保持一致。否则，读规范的人都会面临同样的问题："这
两个东西是一样的，还是有区别？"术语表应包含不同利益相关方在工作场所
中可能使用的同义词。但是，需求文档在使用术语时要一致。

另一个规范中的两个术语看起来是同样的东西。但当卡尔问起时，写规范
的人才知道两者存在微妙但并非不重要的区别。需要使用正确的术语来准确传
达信息。精确的词汇表定义在这方面也是有用的。

取决于具体的业务领域，可能有许多同义词和近义词。对于实体店或网
店，客户、顾客、买家、购买者和会员这几个词是否有区别？在提到"客户"
时，组织中所有部门的想法都一样吗？如果是餐馆，那么是否会区分客人、客
户、顾客、用餐者、食客这几种说法？对于雇主，应该如何称呼效力于自己公
司的员工、雇员、同事、团队成员、职员？订单、请求、购物车和工单是不是
一回事？在业务和软件文档中出现的这些术语，我们一定要仔细加以区分。词

汇表作为所有这些信息的权威资源，可以帮助进行数据库设计，甚至帮助开发人员写出更容易理解的代码。

词汇表可以确保同一个术语或短语对每个人有相同的含义。在本书作者之一坎黛西的一个项目中，BA团队将某些需求标记为"无悔"（no regrets）的工作，意思是，虽然团队目前还不清楚所有的需求，但这些需求肯定是需要的，现在构建绝不会后悔。然而，经过一个又一个的发布，开发该软件的供应商不断推迟交付这些"无悔"。最后，坎黛西的团队发现，供应商把"无悔"理解为即使不交付这些需求，也不会有什么"遗憾"（regrets的另一个意思）。就这样，他们把这些需求放在优先级列表的最底部。在词汇表中添加一个词条——甚至进行一次对话而不是随便做假设——可避免这种混淆。

数据模型是寻找潜在词汇表词条的好地方。数据模型中的方框代表重要的名词，即项目关注的对象。每个对象的具体属性都出现在数据字典中，但相应的词汇表词条会表明它们的含义。在构建学习管理系统的项目中，人们使用了training、curriculum、course和class等术语。使用数据模型对这些紧密相关的词条进行讨论，可以澄清这些词的差别，并揭示出其中一些是同义词，另一些则不是。将这样的知识存储在术语表中，可以防止未来出现混淆。

还有一些重要术语具有领域的特殊含义，不同于它在其他上下文或日常对话中的含义。有的术语甚至可能在应用程序的上下文中有多个含义。例如，printer既可能指电子设备（打印机），又可能指打印东西的人（打印者）。一个简称或首字母缩写可能有多个含义，但所有项目参与者都必须知道自己这个或者这些项目使用的是哪个含义。表5.4展示了来自某个项目词汇表的词条。

表 5.4 定义重要术语、简称和首字母缩写的项目词汇表

术语	定义
Active Directory（AD）组	一个可以和应用程序权限关联的用户组
客户管理系统（customer management system，CMS）	包含所有客户数据的系统

（续表）

术语	定义
销货成本（cost of goods sold，COGS）	公司销售的产品之直接成本
折旧	资产价值随时间的流逝而减少，主要是由于磨损和损耗
最小业务增量（minimum business increment，MBI）	具有独立业务价值的功能块
净现值（net present value，NPV）	一项投资所产生的未来现金流的折现值与项目初始投资成本之间的差值
服务水平协议（service-level agreement，SLA）	服务供应商与其内部客户或外部客户之间的协议，记录供应商提供的服务和定义供应商有义务满足的服务标准

通过构建、维护和引用术语表，编写、讨论或基于需求开展工作的所有人可以保持同步。当新成员加入团队时，术语表可以帮助团队节省重复解释相同内容的时间。术语表是对清晰、有效沟通的一种投资。再次强调，清晰、有效的沟通是所有需求工作的首要目标。

5.4.2　相关实践

以下两个实践与这里的实践 #17 相关。

实践 #14：以前后一致的方式编写需求。

实践 #15：以结构化的方式组织需求。

5.4.3　思考与行动

1. 定义与自己应用领域有关的专业术语。邀请知识渊博的项目参与者、业务合作伙伴和其他人来审核定义的准确性。邀请一些尚未精通词汇的潜在用户来审核这些术语，请他们指出哪些术语不能完全理解的术语。

2. 将步骤 1 中确定的术语纳入项目词汇表，将词汇表提供给所有需要了解这些定义的人。

3. 以项目词汇表为起点，创建一个可以适用于多个项目的企业级词汇表。向其他项目组征集词汇。

4. 创建一个补充词汇表，其中包括需求工程和业务分析各个术语的定义。第 1 章中表 1.1 中的术语提供了一个很好的起点，但每个人使用的本地化术语可能不同。与用户代表、新的团队成员和不了解这些术语的其他参与者共享这些定义。

第 6 章

需求确认

作为 BA，一旦进入需求开发过程，就说明已经理解了项目的业务目标。已经从不同的利益相关方那里征询得到解决方案某个组成部分的需求，分析并以适当的形式记录了这些需求。团队现在已经准备好开始研发了，对吗？也许吧。

是的，现在有了一些需求，但怎么知道它们就是正确的需求呢？对于它们是否能满足用户的目标并适用于当初立项时假设的业务场景，是否有把握？你可能有一套写得很详尽且完成了可视化建模的需求，看起来清晰、完整和明确。但是，它们仍然可能是错误的。作为 BA，通过需求确认活动，可以评估基于已批准需求集的解决方案是否真的能满足利益相关方的需求，并能实现预期的业务目标。

软件团队可以确认三点：代码是否通过了单元测试、集成测试和系统测试？代码是否正确实现了设计？设计是否满足了所有需求？这些都属于软件验证（verification）活动。然而，软件团队无法确认自己拿到的是正确的解决方案需求。换言之，他们不能确认（validation）需求。更通俗地说，"验证"核实的是事情是不是做对了；而"确认"核实的是做的事情对不对。

为了进行确认，一个明显的方案是直接构建产品，然后收集客户反馈，从中了解自己做得怎么样。但是，这既昂贵又费时。另一个方案是构建解决方案的一部分，如敏捷团队在完成第一个或两个迭代后将成果交付给用户，从他们那里了解更多信息并进行及时调整或修正。更便宜的方案是开发原型来探索需求中的不确定性。除此之外，还有一些方法可以确认需求，不需要写代码或等到开发周期结束。

确认是一个持续的过程，开始于刚拿到一些需求的时候。需求确认与正在进行的需求征询、需求分析和需求规范这几个活动交织在一起，其目的是尽早纠正需求中存在的问题，以降低不必要的开发返工风险。业务问题越模糊，解决方案需求就越不确定，因而在团队投入太多时间和精力来实现之前，对这些需求进行确认就越重要。本章描述了两个需求确认方法。

6.1 实践 #18：需求评审和测试

需求确认之所以重要，是因为相比在开发过程中或部署后发现并修复，及早发现并修复软件错误的代价小得多，也没有那么痛苦（Wiegers 2022）。需求确认强调多方合作：客户代表和其他知情的利益相关方是需求正确性的最终仲裁者。两个有价值的需求确认实践是需求同行评审和需求测试。

需要注意的是，在需求集上"签字"和确认需求并不是一回事。签字是一项批准行动，基于对需求正确性的期望和对尽快开始构建解决方案的渴望。相比之下，确认则是让利益相关方有信心，让他们相信团队处于成功交付的正确轨道上。

6.1.1 需求评审

对记录的需求进行同行评审（peer review）是一个强大的质量实践。在同行评审中，创建需求工件的人邀请同事来仔细检查其潜在缺陷和其他问题。业务分析师可以邀请其他业务分析师来审查需求，因为他们在发现问题方面更有经验。然而，其他业务分析师无法判断需求是否正确满足业务需求。为了确认需求，还需要当初提供信息并为产生这些需求做出贡献的其他评审人，例如：

- 各个用户类别的代表；
- 市场营销人员（如果是商业化产品）；
- 任何更高级或前置的交付物（如系统需求）的作者；

- 熟悉相关业务规则和其他约束的主题专家。

必须基于需求来进行工作的那些人也是很好的评审人，即使他们不能确认需求的正确性，也不知道它们是否满足利益相关方的需要。架构师、软件及用户体验（UX）设计师、数据分析师、开发人员和测试人员都能发现不同类型的问题。测试人员特别善于发现无法验证（unverifiable）的需求、有歧义的地方和缺失的信息。这些质量评审非常重要。作为 BA，我们无法确认那些不清楚、不一致或者含糊不清的需求，因为拿不准它们到底是什么意思。

可以通过下面几种方式评审以任何形式来指定的需求（Wiegers 2002）。

- 在同行桌前检查（peer deskcheck）中，BA 要求同事阅读自己写的需求或者检查自己画的图，并提供反馈。对于通过第三方的眼睛来看问题，这些非正式评审是一种快速和廉价的方法。

- 在轮查（pass around）过程中，BA 把待审查的材料分发给几个参与者分头审查并提出意见。使用在线审查工具，可以让参与者看到并回应彼此的评论。

- 在团队评审（team review）中，BA 向几个评审人提供一套需求和背景材料，并留出时间让他们自行查看内容。在个人准备期间，评审人记录发现的错误及其想在评审会议上提出的其他问题。在会议期间，所有评审人汇总各自的观察和评论，他们往往能在讨论过程中发现新的缺陷。

- 审查（inspection）是最严格的同行评审（Gilb and Graham 1993，Wiegers 2002）。参与审查的人担任特定的角色，并遵循一个既定规程。审查人使用一个常见需求问题核对清单来帮助他们发现问题。可从本书配套网站下载一个需求评审核对清单（requirements review checklist）。审查是最昂贵和最费时的一种同行评审，但它也是非常高效的，可以发现许多类型的缺陷（特别是有歧义的）。

任何形式的需求评审显然都很乏味，但通过防止不必要的返工和避免客户的失望，它们可以为我们节省大量时间。为了使评审更有效，应了解需求评审的挑战（Wiegers 2020b）和可以帮助评审取得成功的因素（Wiegers 2019）。在需求开发过程中，要将快速、增量式的非正式评审与严密检查高风险需求的"评审"结合起来。

6.1.2　需求测试

卡尔在担任某个信息系统项目的首席 BA 时，记录了最大用户类别的几个用例。随后，他推导得出允许用户执行其中一个用例的功能需求集。接下来，他返回用例，写了一些测试来验证用例是不是按预期运行。通过对比这两个思考过程的输出，他发现了几种类型的错误：缺失、错误或不必要的需求；缺失、错误或不必要的测试；缺失的信息；有歧义以至于可以用多种方式来解释的需求。

例如，卡尔想到一个测试，可以用来描述软件在特定场景下期望的表现。但是，当他寻找能使这个结果发生的需求时，竟然发现没有任何功能组合或序列能产生他期望的结果。这表明要么测试无效，要么缺失了一些功能需求。

这个经历揭示了两个宝贵的教训。首先，定义第一个需求后，就可以开始对"软件"进行测试。其次，如果只创建需求的一种表示（一个视图），那就只能相信它是正确的。相反，如果创建一个以上的视图，就可以对它们进行比较（可由多人进行），从中发现不一致的地方。卡尔喜欢在动手写任何代码之前对需求进行测试，而且每次都能找出错误。

一个相关的概念来自罗伯逊夫妇的著作《需求工程》（最新版第 4 版，2025 年出版）。书中提出可以编写适合标准（fit criteria）来确保需求能够得到充分理解。适合标准描述了如何判断解决方案是否正确实现了需求。适合标准应该可度量（如响应时间）或者能以其他方式验证（如验收测试，描述解决方案在指定条件下的行为）。

可以让测试人员尽早参与需求过程。测试人员根据用例写测试，BA 从同一个用例推导功能需求。如果两者发生冲突，则表明用例中可能存在有歧义的描述，所以得出两种不同的解释。测试人员很擅长以各种方式破解软件。如果需求中不描述如何处理测试人员发现的一些异常或极端边缘的情况，可能就会出现测试通不过的情况。

为需求写的测试是黑盒测试。不需要知道和潜在解决方案内部结构相关的任何东西——事实上，此时还没有解决方案呢！对需求进行测试是在概念层面上进行，独立于实现和用户界面的细节。可以通过这些概念测试来确认（validate）需求的任何表现形式，包括文本、模型和原型等。

在需求确认过程中，请与用户代表一起工作，了解他们如何判断解决方案是否可以接受，然后编写验收标准（包括测试）来记录这些信息。将每个测试追溯到它所对应的需求——可以是一个用户故事、用例、功能需求或质量属性需求。在需求发生变更时，从需求到测试的跟踪也很有用，因为可以直接根据跟踪数据找到需要更新的测试。

6.1.3　验收标准

敏捷团队通常并不会记录用于实现故事的功能需求，而是经常以验收测试的形式来编写用户验收标准，以此来定义用户故事的细节。测试驱动开发（test-driven development，TDD）（Beck 2003）、验收测试驱动开发（acceptance test-driven development，ATDD）（Hendrickson 2008）、行 为 驱 动 开 发（behavior-driven development，BDD）（North 2006）和实例化需求（specification by example，SBE）（Adzic 2011）都用到了这个技术。参与这项活动的用户可能发现，测试是设想一个故事是否能满足其需求的一种有用的方式，这其实就是需求确认的本质。在验收标准中，除了通过测试，还可以包含解决方案中必须满足的其他条件。

写验收测试时，一个流行的模式是下面这个 Given-When-Then（Fowler 2013）：

Given（给定）<为 *true 的特定前置条件* >

When（当）<*某个行动、行为或事件发生时* >

Then（那么）<*应该发生的结果* >。

对于这个模式的三个子句，可以单独使用，也可以全部或部分组合使用，多个前置条件、行动和 / 或结果以 AND（并且 / 以及）分隔。但是，在 Given-When-Then 验收测试的 When 子句中使用 AND 时，必须谨慎。一个复合行动往往意味着 When 子句中的一些信息实际描述的是前置条件，而这些前置条件更适合放到 Given 子句中。本书作者之一坎黛西发现，如果验收测试不涉及用户，而涉及数据前置条件和系统事件行动，那么这种情况就特别常见。

作为使用 Given-When-Then 的例子，让我们回到 3.1 节"实践 #6：理解用户需要用解决方案来做什么"中虚构的 Speak-Out.biz 出版平台，看看它的一个用户故事：

作为作者，我想查看我发表的文章的页面浏览统计，以便看到我的读者最喜欢哪些主题。

表 6.1 展示了这个故事的几个验收测试，它们以 Given-When-Then 格式编写，并以表格形式列出。就像功能需求一样，这些测试充实了与该用户故事相关的预期行为。需求和测试是互补的，都是对解决方案的同样的知识（团队应该构建什么以及它应该如何表现）进行描述。

表 6.1 以 Given-When-Then 格式为一个用户故事编写多个验收测试

ID	Given（给定）	When（当）	Then（那么）
AT-1	我已经登录到平台，并且（AND）已发布文章	我请求查看统计数据	显示过去 30 天内我发表的所有文章的浏览统计汇总图表，以及（AND）按照发布日期倒序显示的各篇文章的统计数据列表（浏览量、阅读量和点赞数）

（续表）

ID	Given（给定）	When（当）	Then（那么）
AT-2	我已登录到平台，并且（AND）未发布文章	我请求查看统计数据	显示提示消息："尚未发表任何文章"
AT-3	统计数据已显示	我请求基于任意统计列更改排序方式	根据所选列的值，切换统计数据的升序显示和降序显示

另一种记录测试的方式是使用决策表（Wiegers，2020a）。如 5.3 节 "实践 #16：确定和记录业务规则" 所述，决策表能有效地描述导致不同结果的各种条件组合。决策表有助于确保全面的测试覆盖，同时无需写许多冗长的、重复的文本。

6.1.4　测试分析模型

假定前面已经绘制了一个可视化模型作为某些需求的补充。进行测试时，可以使用荧光笔在模型上跟踪逻辑 "执行" 路径，查看系统的行为是否符合预期。用荧光笔完成所有测试后，需要找出问题。模型中未被荧光笔标记出来的路径表明要么缺失测试，要么该路径没有反映出合法的系统行为。如果某个测试在模型中找不到相应的路径来跟踪，则说明要么测试不正确，要么模型不完整。无论哪种情况，这样的不一致都意味着有问题。

下面是一个例子。本书前面第 4 章的图 4.4 展示了一个网站的流程，它允许销售代表为来电的客户输入订单。图 6.1 展示了该流程的一部分，由 BA 根据他们对业务过程的初步理解来绘制。有一个场景是客户要的所有商品都缺货。在测试人员编写的众多测试中，有一个测试是下面这样的：

Given（给定）购物车为空，
When（当）客户拒绝订购更多商品时，
Then（那么）流程终止。

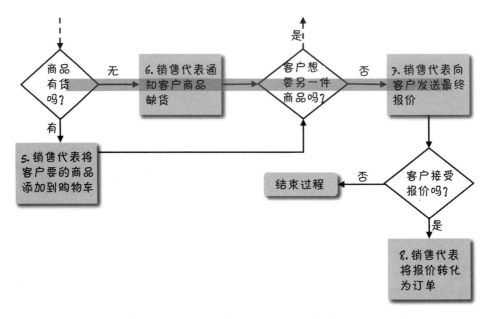

图 6.1　销售代表为来电的客户将商品加入购物车的流程（部分）

如果试图按照图 6.1 的流程跟踪这个测试所描述的路径，如灰色突出显示部分所示，显然是做不到的。这个图表明，如果要的商品缺货且客户不想订购更多商品因而让购物车空着，那么销售代表也需要向客户发送最终的一个空的报价。很明显，无论是在模型中，还是在对应于模型的文本需求中，这都是错误的。

BA 重新绘制模型的这一部分，如图 6.2 所示，在客户与销售代表对话结束后，专门检查购物车中是否有商品。现在可以在流程图上正确跟踪这个测试的路径，最终直接结束销售过程，而不是向客户发送一个毫无意义的报价。在团队开始写代码和客户遇到问题之前发现错误，这是好事。任何客户收到问题报告时，肯定不会有好心情。

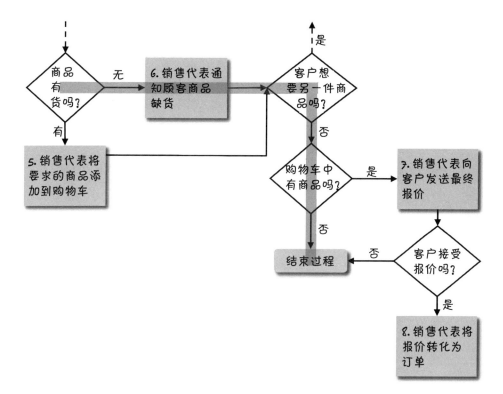

图 6.2　流程修订的一部分，纠正了按模型执行测试时发现的错误

6.1.5　高效测试需求

　　针对需求写测试时，面临的挑战与测试可执行软件时一样：测试用例的数量可能过多。需要把测试数量减少到一个可管理的规模，同时仍然包含可能揭示出错误的必要测试。使需求测试变得更高效的两种技术是等价划分[①]（Sharma 2021）和边界值分析[②]（Sharma 2022），两者都属于黑盒测试方法。

[①]　译注：又称"等价分区"（equivalence partitioning），指对所有测试数据进行分类，将具有某种共同特征的数据划分为一个集合，一般分为有效等价类和无效等价类。该方法适用于对穷举场景设计测试。

[②]　译注：全称为 boundary value analysis，指对输入或输出的边界值进行测试，这是一种黑盒测试方法。

等价划分法对输入的测试条件进行分类，使系统对每个类别中的所有测试条件以相同的方式响应：通过（pass）或失败（fail）。这样，每个类别中任何一个代表性测试条件都会提供和其他条件相同的信息。如果需求描述了如何处理 1~100（含）的整数输入，那么这个范围内的所有整数就构成一个等价类（equivalence class）。可以选择其中任何一个来测试整个类。另一个等价类将包括这个范围以外的整数以及所有非整数。

边界值分析研究的是基于数字范围的等价类边界值的系统行为。如果要测试 1~100（含）的整数范围，那么边界值分析将使用值 0、1、2、99、100 和 101 来进行测试，其中 4 个值——1、2、99 和 100——在同一个等价类中。但是，边界值错误相当普遍（无论需求还是代码都如此），所以更仔细地检查这些地方没有坏处。

6.1.6　质量左移

在开发需求的时候就进行测试，看似为时过早且会导致重复测试，但事实并非如此。现在创建的对需求进行确认（validate）的概念性测试可以逐渐演变为具体的测试脚本和程序，对最终实现的解决方案进行验证（verify）。不需要重新发明所有这些测试，以它们为基础来构建即可。

此外，所有需求验证和确认活动都将质量管理前置于开发周期时间线，这里产生的影响最大。如图 6.3 所示，将一些测试工作重新分配给需求活动，会产生更高质量的需求，从而减少后期的返工并提升利益相关方的满意度。减少返工是提高生产力的关键（Wiegers 2022）。所有人都可以从中受益。

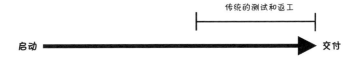

开发周期时间线

图6.3 将一些测试工作重新分配给需求确认，减少后期测试和返工，从而节省了时间

6.1.7 相关实践

以下实践与这里的实践 #18 相关。

- 实践 #6：理解用户需要用解决方案来做什么。
- 实践 #11：创建需求模型。
- 实践 #12：原型创建和评估。

6.1.8 思考与行动

1. 确定需求集中相较于其他部分更可能出问题的那部分需求。这些部分也许没有足够的利益相关方输入、或者特别复杂或有风险。物色合适的人选为评估这些领域提供专业的见解。邀请他们参与需求评审，让团队有信心认为它们能满足利益相关方的需求。

2. 写新的需求时，请测试人员根据这些需求创建验收测试。仔细审查这些测试，将它们映射到书面需求和分析模型，找出不一致的地方。

3. 确定对应用程序的特定功能进行测试的等价类。看是否能做到一个测试就足以有效满足某些测试条件。

第 7 章
需求管理

前面几章描述了堪称项目成功基石的 18 个实践，这些实践有助于 BA 为解决方案开发一个高质量的需求集。有了好的需求，接下来怎么办呢？需求管理（requirements management）是需求工程的细分领域，涉及如何在项目中使用需求以及项目如何对需求变更做出响应。

在理想世界中，开发团队获取用于开发产品某一部分的需求集，在解决方案中实现相应的功能或特性来满足这些需求，然后直接转到下一部分需求。但是，现实世界中，需求是动态的。对业务的理解会加深并发生变化，市场和业务会发展，新的需求也会不断出现。一些计划好的需求被推迟，还有一些被证明是不正确或不必要的，利益相关方也会调整需求的优先级。BA 和开发团队必须对这种持续的变更做出响应，使一切正常进行。主要的需求管理活动如下（Wiegers and Beatty 2013）：

- 定义需求基线，所谓需求基线，指承诺要在特定的开发周期、产品版本发布或维护活动实现的一组需求；
- 需求版本控制，跟踪单个需求和需求集不断演进的版本；
- 需求状态跟踪从提出直到最终验证已在产品中正确实现、延期或从基线中删除并存档的生命周期中对需求的状态进行跟踪；
- 需求跟踪并追溯到其来源，跟踪到与其关联的设计元素、代码段、测试和其他相关需求；
- 接收新的需求、对现有需求进行修改并将这些需求适当融入计划的开发活动中。

虽然所有这些活动都有价值,但很多团队都会选择执行。例如,很容易将测试追溯到单独的功能需求、用例或用户故事。然而,构建一个完整的需求可跟踪性矩阵不仅需要付出努力,还需要有章法(Wiegers and Beatty 2013)。它需要工具支持、成熟的过程以及大量的时间。大多数项目可能不会做完整的可跟踪性矩阵。但对于发布前必须进行认证的人身安全攸关(safety-critical)的产品,或者其他有合规需求的解决方案,必须构建完整的需求可跟踪性矩阵。认证人员和其他利益相关方需要知道,每个功能都是按预期进行设计、编码和测试的。虽然也可以对一般的业务信息系统或手机应用进行完整的需求跟踪——而且我们建议大多数项目都这样——但并不强求。

作为本书的最后一章,要讨论两个会影响到每个项目的需求管理实践。

- 实践 #19:需求基线的建立和管理。
- 实践 #20:有效管理需求变更。

7.1 实践 #19:需求基线的建立和管理

作为业务分析师,已经开发出一组需求,并确认它们描述了一个能实现业务目标的解决方案。下一步是让开发团队确定这些需求的一个子集,让他们承诺可以在一个特定的时间期限或开发周期内实现。这个子集就是需求基线。

7.1.1 定义需求基线

这里使用的"基线"(baseline)一词有两个含义。第一个含义是为一个特定开发周期批准并作为其后续工作基础的一组需求。第二个含义是团队在该周期内基于这些需求构建的软件。

基线相当于一组需求的快照。基线表明,就当时每个人的认知而言,这些需求是正确的、完整的且能实现预期的业务成果。将一系列低质量的需求设定为基线,对任何人都没有好处。所以,在设定基线之前,要考虑一些因素用于判断一组需求集是否准备就绪（Wheatcraft 2015）。一旦设定需求基线，对需求的任何变更都必须经由团队的变更控制过程来完成。批准这些变更之后，会建立一个新的基线（参见 7.2 节"实践 #20：有效管理需求变更"）。定义需求基线有下面几层含义：

- 让利益相关方理解后续迭代计划的范围；
- 开发团队能估计该基线的规模和需要的资源；
- 质量保证团队能最终确定他们的测试计划；
- 开发团队能做出交付承诺。

建立需求基线并不意味着变更不会发生，因为变更是必然的。然而，基线可以向牵涉到的每个人保证，团队能在重大变更发生风险较低的情况下进行开发（Inflectra 2020）。

基线的范围可变，小到一个持续两周的迭代，大到一个版本发布，乃至于交付整个解决方案。基线的设定可以是正式或非正式的。规模或形式并不重要，重要的是让利益相关方就基线的范围达成一致，并确信团队已准备就绪，可以开始实现了。在为解决方案某部分设定的基线中，可以包括软件功能、手动操作和业务过程等。所有相互依赖的元素必须一起交付，使解决方案的这个部分发挥作用。

7.1.2　两种基线策略

定义需求基线时，团队有两个主要的选择：基于时间（time-bound）或基于范围（scope-bound）。基于时间的基线首先建立一个时间盒（time box），可以是一个迭代、一系列迭代或者一个预定的发布。然后，团队从需求集或产品待办事项清单（product backlog）中，将优先级最高的需求分配给基线，直到排满该时间盒内的开发和测试能力（参见 4.4 节"实践 #13：需求优先级排序"）。使用这种方法时，要求开发和测试团队要么已经确定需求的规模并知道能力何时排满；要么将确定需求规模作为基线活动的一部分来进行。虽然基于发布的迭代项目也可以用，但基于时间的基线在敏捷项目中最常用。在这种项目中，每个迭代都有一个需求基线。

相比之下，基于范围的基线由一组逻辑上有依赖的功能、需求或用户故事组成，它们可以一起构建、测试和部署，并作为一个单元进行批准。使用基于范围的方法时，建立需求基线不一定要提前知道它的规模或交付时间表。开发和测试团队随后会估计基线中需求的规模，以做出时间线的估计和交付承诺。

有的时候，估计得到的规模会高于预期或者高于可接受的程度。在这种情况下，团队要么缩减范围来创建一个新的基线并将交付日期提前；要么必须投入更多的资源；要么利益相关方必须就最新估计的（延后的）交付日期达成一致。好吧，还有一个选择是在急于交付全部范围的情况下牺牲部分质量，但我们认为这个想法不值得提倡。

大多数团队只使用这两种方法中的一种来定义其基线。与利益相关方和开发团队合作，确定最适合自己组织和产品的方法。项目类型和开发周期在很大程度上决定了基线的规模和性质。无论规模如何，基线的重要性都在于使相关各方就一组需求和交付承诺达成一致。建立需求基线是"期望管理"（expectation management）的一种手段。

7.1.3　确定纳入基线的需求

作为 BA，需要为纳入基线的需求指定独一无二的标号。一个方案是将软件需求规范（SRS）的一个需求子集放到一个新的 SRS 中，为特定的开发周期定义基线（Wiegers 2006）。在使用需求管理工具的情况下，可以为选定的需求添加元数据（属性），表明它们属于哪个基线或哪个发布。在敏捷项目中，可以用一个工具将故事分配给特定的迭代。该故事集将成为团队在做迭代计划时要考虑的基线提案。无论什么情况，都要确保每个人都能通过文档位置、数据库查询或迭代定义准确找到形成基线提案的需求。

4.2 节"实践 #11：创建需求模型"描述的一部分图可以从更高的抽象层级描述需求基线。高级管理人员认为，用单页视图来了解每个发布的功能非常方便。例如，可以对环境图（参见前面第 2 章的图 2.5）的元素进行注释或颜色编码，说明与外部系统的哪些集成在何时构建。类似地，可以突出显示数据流图或实体关系图中的元素，说明后续开发周期每个基线要包含的过程和数据对象。

还可以使用功能树或者在功能路线图（Wiegers 2006）中确定范围基线。图 7.1 对本书前面第 4 章中图 4.2 的线上订餐网站功能树进行了修订。在某些二级子功能和三级子功能的旁边，圆圈中的数字表示为其计划的发布编号；没有编号的子功能继承其父功能的编号。因此，第一个发布的基线由所有标注数字 1 的功能和子功能构成。如图 7.1 所示，尽管团队在第一个发布中建立网站并把它与现有餐馆下单系统和菜单库集成，但"下单"和"线上菜单"的某些子功能将推迟到后期的发布中。用功能树来描述各个发布的范围时，可以采用 Microsoft Visio 或 Lucidchart 等工具中的图层或颜色。

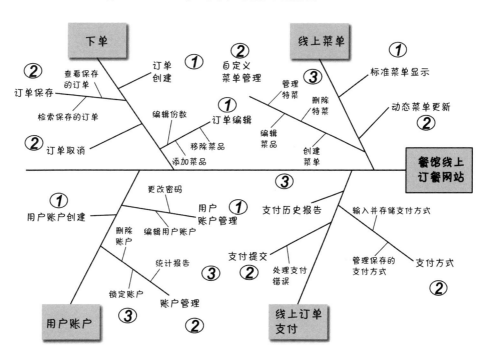

图 7.1　功能树的元素上叠加计划的迭代、发布或需求基线版本

7.1.4 就基线达成共识

作为 BA，任何基线的正式化都必须与所有相关利益相关方达成共识。这些利益相关方可能包括开发和质保团队、不同用户类别的代表、市场部、重要客户以及 / 或者管理层代表。基线的批准可以是简单和非正式的，例如，敏捷团队商定一个迭代的用户故事列表。更大的基线可能有一个正式的批准过程，需要召开评审会议，而且每个代表都要书面签字同意（Wheatcraft 2015）。

与团队共同商定要遵循的需求基线记录和批准流程。所有参与者都需要知道批准基线对他们意味着什么以及他们需要在什么日期批准以确保项目得以如期推进。确定以什么方式记录和存储批准：文档中以表格形式记录的所有批准情况表、需求管理工具中的属性或者待办事项清单工具中当前迭代故事的状态。在敏捷项目中，提议加入迭代基线的任何故事如果没有被批准开发，会回退到产品待办事项清单，纳入未来的迭代考虑。

偶尔有利益相关方不愿及时批准基线的情况。他们可能担心，一旦同意了基线，就意味着这些需求以后不能变更。开发团队如果不确定是否能按期交付所有需求，那么可能也不愿意做出承诺。一个明显的方案是向负责批准的人发出最后通牒，如果到期未获得他们的明确同意，那么就表明默认同意。一个更好的方法是与他们合作，找出他们不批准基线的根本原因。如果他们担心批准后不能变更，那么就引导他们熟悉规定的变更流程，向他们保证完全可以进行变更（而且不会很麻烦）。可以简单地问"怎样才能批准基线？"以此展开讨论。

本书作者之一坎黛西与几个敏捷团队合作过。在这些团队中，由于已知的复杂性或其余的未知性，开发人员拿不准该不该承诺完成纳入当前迭代的整个故事清单。在这种情况下，团队将一些用户故事标记为"延伸目标"（stretch goal，也称"挑战性目标"），迭代的基线中只有已承诺的故事。延伸目标成为对基线的预批准的扩展，让开发团队在时间允许的前提下实现。如果开发团队交付不了这些延伸目标，完全可以回到产品待办事项清单，根据优先级把它们放到未来的迭代计划会议中讨论。有了这个过程，团队可以同意迭代的基线，而且因为有预批准，所以也相应简化了未来的基线制定。

如果利益相关方仍然不批准基线——而且团队确定必须得由他们批准——请判断如果他们真的不批准会为开发带来多大的风险。如果风险很小，就明确记录他们不批准及其可能带来的影响（需求可能缺失或不正确），并基于已定义的基线继续推进。但如果风险很大，团队可能在没有某些利益相关方批准的情况下构建出不正确的解决方案，那么就继续和他们斡旋，直到获得他们的批准或者修改基线使其得到他们的认可。

7.1.5　管理多个基线及其变更

一旦基线被批准，BA 就必须对其变更进行管理。只要有新的或变更的需求通过了变更控制流程的批准，就要建立一个新的基线快照。与团队商定基线定义如何存储（可以是一个工具或文档）以及如何为一个迭代或发布确定最新的基线。通过变更控制流程，根据需要继续更新基线，直到团队将其部署交付给用户。

在任何给定的时刻，都可能同时有多个基线进行。本书作者之一坎黛西经常同时处理至少两个基线：一个是已经开发完成的，正在接受用户或外部质量保证的测试；另一个是开发中的，如图 7.2 所示。要求变更的时候，要确保自己知道每个变更应用于哪个基线。这样一来，所有团队成员都可以知道自己应该做什么以及不应该做什么。

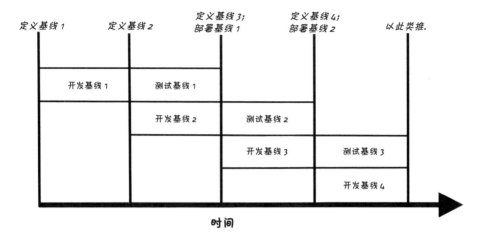

图 7.2　一个 BA 可以同时管理多个基线以支持开发和测试工作

有些团队通过定义好的开发迭代来构建解决方案，但出于多种可能的原因，他们并不会把每个迭代的产品交付给用户，而是整合几个迭代的输出并将最终解决方案作为一个产品发布来部署。在这种情况下，可以为发布定义一个总的需求基线。然后，为每个迭代分别定义一个基线，其中包含已分配和批准的需求。

图 7.3 展示了如何为集成三个迭代的一个发布使用这种方法。产品负责人或 BA 可以修改故事或者在迭代之间移动故事，只要它们仍然属于总的发布基线。保持发布基线和迭代基线的更新，澄清纳入当前迭代计划的每个故事。团队交付的可能有别于专门为特定基线做的计划，但这其实才是软件开发的实际情况。因此，一旦有差异，就应该更新初始计划的需求基线文档，以反映团队实际构建的内容（Hokanson and Szymanski 2022）。

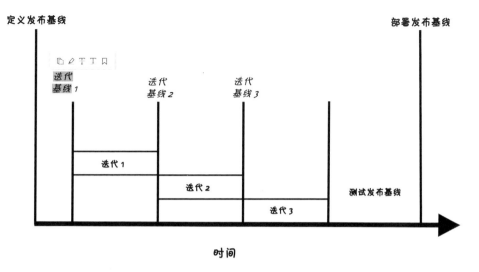

图 7.3　多个迭代基线可以捆绑为一个发布基线

　　无论基线的规模、类型、数量或形式如何，使利益相关方对实现范围达成共识都是开始或继续开发的关键前提。通过需求基线的建立，正式启动变更控制过程。基线的管理要持续到部署阶段，确保团队每个人都明白向利益相关方交付什么。

7.1.6　相关实践

　　以下实践与这里的实践 #19 相关。

　　实践 #5：确定有决策权的人。

　　实践 #11：创建需求模型。

　　实践 #13：需求优先级排序。

　　实践 #20：有效管理需求变更。

7.1.7 思考与行动

1. 与开发团队和关键利益相关方合作，理解当前的需求基线。如果目前还没有相关的记录，就着手以某种方式记录。如果团队已经在开发一个没有被批准的基线，请与相关的利益相关方合作以获得他们的批准，即便是事后批准。

2. 如果团队还没有这样做过，就先定义一个需求基线建立过程。

3. 新的变更进入基线范围后，务必更新相应的基线，使其始终准确描述团队实现的需求。

7.2 实践 #20：有效管理需求变更

我们都知道变更在所难免。即使是最聪明的 BA（掌握最多信息且遵循本书所有的实践），也做不到始终能精准确定需求。即使能做到，这些需求也只能是在某个特定时间点很完美。因此，一旦 BA 确定一组需求，管理变更就成为最重要的事情。

有效管理需求变更可以确保团队在正确的时间交付正确的解决方案，即使他们事先并不了解所有事情。对变更的抵制，尤其是认为一些需求一旦有基线就不会（或不能）再有任何变更，这样的态度可能导致无法使用的功能、令人失望的发布和不满意的利益相关者。设定基线，并不意味着冻结需求。

假设敏捷团队已经在计划会议上为当前迭代中的需求设定基线。迭代进行 4 天后，有人发现一个故事的逻辑不正确。这或许是因为有人之前的假设此时被证明是错误的或者因为有新的信息出现了。怎么为？如何决定？由谁来决定？此时有几个选择。

如果开发人员还没有开始或完成该故事，那么就可以要求开发人员接受对故事的变更，前提是能在当前迭代内搞定。也可以在包含这个故事的前提下（即使它是错的）完成迭代，并在未来的迭代中修复它。或者，可以停止开发这个故事，在迭代的代码库中忽略它。如果工作还没有开始，那么可以从当前迭代中删除这个故事、纠正逻辑错误并在未来的迭代中实现它。具体采取的行动，取决于故事和迭代的状态、故事的重要性、其他故事对这个故事的依赖、提供一个缺陷故事所产生的影响以及变更控制过程的现行策略。

我们的目标是对需求变更予以管理，尽可能减少对团队开发进度的负面影响。为了实现这个目标，需要采取多方面的活动：

- 定义一个变更控制过程；
- 所有要求的变更都要遵守该过程；
- 确定决策者；
- 评估每个需求变更提议的影响；
- 在批准新的或变更的需求后，更新需求基线；
- 通知受影响的所有利益相关方，让他们知道关于需求变更的这个决定。

7.2.1　预测需求变更

变更请求可能来自任何人，其中包括客户、市场、销售、开发、测试、产品负责人和监管人员等，甚至来自业务分析师。用户可能会想到产品能做一些新的事情或者提出用户体验改善建议。质量保证人员或用户的测试可能揭示出缺失的功能、优化性能目标或其他质量属性目标。高层决策者可能根据不断变化的市场因素来改变业务目标，进而影响到整个解决方案。开发人员有时会想到新的功能，认为这样会使客户感到高兴。甚至 BA 也可能设想出更好的方法来解决问题，提出新的需求或对现有需求进行变更。

变更不可避免，所以 BA 必须预测并准备好需求变更管理过程。在项目初期定义好解决方案的边界之后，这个行动就应该开始了。在需求征询期间，注意哪些功能领域可能随着时间的推移而变化。这些领域可能由业务规则主导或者反映产品可能的增长方向。如果一个领域预计经常发生变化，那就适合采用基于配置或基于数据的解决方案，而不是硬编码的解决方案。可能需要包括一些功能，让管理员根据需要调整应用程序的可配置参数。

本书作者之一坎黛西接到过一个需求：即使采购时用的货币不同，也要用一个国家的当地货币来显示发票金额。最初的需求只针对一个国家，所以直接根据汇率将美元换算为当地货币。然而，坎黛西知道，该产品的扩展计划中还包括部署到另外 20 多个国家，每个国家都有自己的货币。因此，她概括这个需求，即开票所用的货币通过一个配置来定义。一旦有新的国家加入，只需更改数据和配置，这比更新需求或代码更快、更简单。

为迭代、发布或整个项目制定的计划应始终包含应急缓冲（contingency buffer），使团队能适应一定程度的变更和增长，而不至于影响进度和承诺（Wiegers 2022）。输入缓冲（feeding buffer）放在一系列依赖任务或者一个迭代的末端，以提供一定的富余时间。项目缓冲（project buffer）放在一个发布或整个项目的时间表的最后。敏捷项目可以在每个迭代中保留一定的开发 / 测试能力，并在迭代序列的末端增加一个应急缓冲迭代（Cohn 2006，Thomas 2008）。没有缓冲，第一个出现的变更（或第一个被证明的低估，或第一个离开团队的人，或第一个具现为问题的风险，或其他许多状况）就可能阻碍交付承诺的兑现。变更总是有代价的，即使花时间讨论变更意向后决定不实现，也有代价。

7.2.2　定义变更控制过程

每个项目都离不开变更处理，无论项目采用的方法是临时而随意的，还是系统化、有文档记录的。本书作者之一坎黛西经历过各种变更控制过程有问题的项目，其中有些项目根本没有这个过程，导致利益相关方修改功能时并没有通知产品负责人（PO）或开发团队更新用户故事，却奇怪为什么自己的请求没有得到实现，从而引发混乱。还有一些项目制定了非常繁琐的变更过程，以至于人们本能地避免变更。和生活中的许多问题一样，要在这两个极端之间找到一个合理的平衡。本书作者之一卡尔为一个快节奏且负担过重的开发团队制定过一个变更控制过程。团队成员很欣赏这个过程带来的价值，因为它为无休止涌入的变更请求带来了秩序。有效变更控制过程是一个能有效管理变更的结构，并不是一个障碍（Bals 2022）。

变更控制过程开始于将一组需求集设定为基线，结束于团队交付解决方案。每个团队都应该尽早建立并记录其变更控制过程，即使简单也没有关系。这个过程应该回答下面几个问题：

- 人们如何提交变更请求？
- 提交请求需要哪些信息？以后要收集哪些额外的信息来进行影响评估？
- 是根据一个特定的基线来请求变更，还是在评估时确定基线？
- 谁来评估变更请求的规模和影响？
- 根据什么标准来批准或拒绝变更请求？
- 谁能批准变更并将其分配到基线？
- 一旦变更通过批准或被驳回，如何保存变更相关信息？
- 如何将决定传达给受影响的人？

变更控制过程应该尽可能轻巧和快速，为合适的人提供必要的信息，让他们做出良好的业务决策和技术决策（Wiegers and Beatty 2013）。如果项目团队规模较小，而且在同一个地点集中办公，那么一个或多个小的变更就可以简单处理，也许产品负责人（PO）和一个开发人员同意在当前开发迭代中修改一个故事。在这种情况下，PO 通过对话提交变更，PO 和开发人员是审批人，变更作为修订的故事或新的验收标准被纳入开发。

　　复杂、多团队或分布式项目的变更可能产生广泛的影响，因而需要有一个更正式且步骤多的过程。从一个简单而有效的过程开始，只有在项目需要的时候，才增加复杂性和批准层级。决策者组成一个变更控制委员会（change control board，CCB），其范围从一个人到一组人不等，后者可以包括来自客户、开发、测试、市场、管理甚至财务的代表。

　　图 7.4 展示了坎黛西用过的一个半正式的变更控制过程。最常见的情况是，业务伙伴通过团队的消息传递渠道发送一个变更请求来启动这个过程。开发团队、PO 和相关业务伙伴充当 CCB。针对每个请求，他们考虑的依据是规模、团队是否能在不牺牲其他故事的情况下实现以及是否可以接受任何确定的牺牲。这个评估和决策过程通常需要 1~5 天的时间，具体取决于变更的复杂性。

　　在变更请求的生命周期，会经历各种状态的变化（Wiegers and Beatty 2013）。每个请求都从"已提交"状态开始，之后可能还有影响分析。决策者要么批准，要么拒绝。批准后的变更最终被纳入解决方案，随后通过验证并最终关闭。提交者可以在这个过程的任何时候取消请求。对需求变更的状态进行跟踪，可以确保不至于发生遗漏，也不会因为沟通不畅而进行未经批准的变更。状态数据还有助于评估自己的过程能够多么有效地解决变更提议。

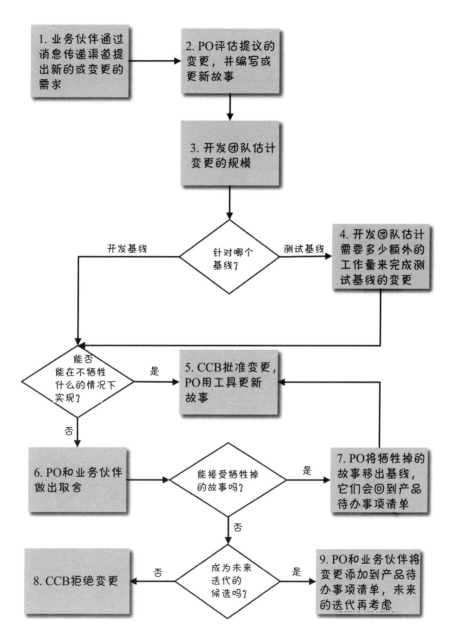

图 7.4 一个半正式变更控制过程涉及的所有步骤

变更控制过程及其有时望而生畏的对应物——变更控制委员会（CCB）——并不是为了加大变更的难度。相反，它们存在的目的是让决策者获得关系到成本、影响和取舍的必要信息，以便做出良好和及时的决定。所有团队都必须处理需求的变更。如果缺乏一个得到良好定义并共同遵循的过程，那么结果自然是混乱、做出一些考虑不周的决定和出现各种令人不快的意外。

7.2.3　评估变更影响

和其他需求一样，BA 必须征询更改请求的细节并进行针对性的分析、规范和确认。决策者需要某些信息来决定是批准还是驳回请求。这些信息包括对成本和工作量的估算（别忘了需求工作本身也需要时间）、优先级或紧迫性以及对其他解决方案组件和任务的影响（Wiegers and Beatty 2013，Inflectra 2020）。一些变更是局部的，但另一些变更会产生涟漪效应，延伸到整个生态，而非只影响直接产品。在分析变更必要性及其影响的需求基线或开发迭代及其影响范围时，BA 发挥着关键的作用。

坎黛西的项目团队收到过一个看似简单的请求：将调用供应商产品中一个服务的 URL 更改为一个新的 URL，以便可以利用一个机制来防止超时失败。然而，通过分析，她发现这并不是一个简单的 URL 更新，而是需要对三个独立的系统进行深度修改。她的分析和随后的成本估算使得决策者最终得出结论，这个变更对当前发布来说风险太大，因而决定把它推迟到下一个发布并定义了一个在此期间处理超时失败的临时方案。不进行这样细致的分析，团队可能鲁莽地批准一个代价高的变更，这会在测试和部署中造成许多麻烦和延误。不做充分的影响分析就接受变更，还可能面临不合规或其他业务规则的风险。

根据业务目标来评估变更请求对项目目标有没有贡献，不符合目标的变更可能是不必要的。分析模型（例如需求映射和可跟踪性矩阵、过程流程、生态系统图和功能树等）有助于快速确定变更请求可能影响的领域（Beatty and

Chen 2012）。分析变更可能对之前构建或计划的功能产生的影响。将每个变更的需求拆分到足够的细节（详细程度），估算所有受影响领域的实现工作量，并了解风险和依赖关系。

在需求获得批准之前，将新的需求或变更的需求与定义好的基线区分开（无论在逻辑还是物理意义上）。一些团队在需求管理工具中使用标签来区分基线中的需求和那些尚未获批的变更请求。另一些团队使用单独的变更请求工具来收集和维护变更请求状态的相关信息，并促进沟通。

7.2.4　做出决策后

批准或拒绝请求并不是最终的需求变更管理行动。团队还必须记录决策，将其传达给受影响的利益相关方，并在请求获批时更新相应的需求基线。如果驳回需求变更请求，还要记录具体原因，这有利于将来迅速响应同样的请求。对基线的更新涉及对相关需求本身进行修订、根据需要进行版本控制、更新相关模型以及定义新的基线。

需求变更管理可能具有一些挑战。然而，在变更发生时保持对需求的及时更新，可以使团队成员保持一致，始终提供可组织需要的解决方案。

7.2.5　力求少做变更

变更是软件世界不得不面对的现实，所以必须在项目中高效处理变更。然而，变更总是有代价的，并且可能具有破坏性。许多团队在开发后期花费超过预期的时间修补新的或变更的功能，还要修复由这些变更引起的各种问题或者之前被忽视的问题。

不要因为自己有适应变化的能力，就认为不必理解需要（need）和思考需求（requirement）。由于业务目标不明确、被忽视的利益相关方、对需求理解不足以及其他导致需求出错，人们总会提出大量变更请求。本小节描述的许多技术都能减少这样的变更。

7.2.6　相关实践

以下实践与这里的实践 #20 相关。

- 实践 #5：确定有决策权的人。
- 实践 #10：分析需求和需求集。
- 实践 #13：需求优先级排序。
- 实践 #19：需求基线的建立和管理。

7.2.7　思考与行动

1. 了解团队当前的变更控制过程。如果该过程尚未形成相应的文档，马上动手记录下来。绘制如图 7.4 所示的过程流程模型来描述这个变更过程。
2. 确保变更控制过程中留下足够的时间供业务分析师评估每个变更请求的影响。这个关键评估可以为决策者提供必要的信息来批准或驳回变更请求。
3. 当前变更控制过程对团队效果如何？是否应该更加结构化和更加明确？是否可以简化和优化？参与人是否合适？每个人是否都知道如何使用？大家是否都遵循该过程？有没有变更绕过了该变更过程？
4. 检查当前需求基线是否包含未经变更控制过程批准的变更。如果基线的内容一直没有明确标识，那么找出这些变可能更难。如果发现尚未实现且未经批准的变更，请将其纳入变更控制过程。你可能发现，在当前开发周期中并不需要它们，甚至可能永远都不需要。

参考文献

1. Abba, Ihechikara Vincent. 2022. "Crow's Foot Notation—Relationship Symbols and How to Read Diagrams." https://www.freecodecamp.org/news/crows-foot-notation-relationship-symbols-and-how-to-read-diagrams.

2. Adams, Chris. n.d. "Agile: User Stories versus Epics, what's the difference?" https://www.modernanalyst.com/Careers/InterviewQuestions/tabid/128/ID/5086/Agile-User-Stories-versus-Epics-whats-the-difference.aspx.

3. Adzic, Gojko. 2011. *Specification by Example: How Successful Teams Deliver the Right Software.* Shelter Island, NY: Manning Publications Co. 中译本《实例化需求》

4. Agile Alliance. 2022a. "Product Owner." https://www.agilealliance.org/glossary/product-owner.

5. ____. 2022b. "Minimum Viable Product (MVP)." https://www.agilealliance.org/glossary/mvp.

6. Alexander, Ian F., and Neil Maiden. 2004. *Scenarios, Stories, Use Cases: Through the Systems Development Life-Cycle.* Chichester, England: John Wiley & Sons, Ltd.

7. Alexander, Ian F., and Richard Stevens. 2002. *Writing Better Requirements.* Boston: Addison-Wesley.

8. Ambler, Scott W. 2005. *The Elements of UML 2.0 Style.* New York: Cambridge University Press.

9. ArgonDigital. 2022. "The Business Objectives Model Defined." https://argondigital.com/resource/tools-templates/business-objective-models.

10. Bals, Bernhard. 2022. "A Guide to Effective Requirements Change Management." https://www.eqmc-consulting.de/requirements-change-management.

11. Beatty, Joy, and Anthony Chen. 2012. *Visual Models for Software Requirements.* Redmond, WA: Microsoft Press. 最新中译本《需求可视化：22 个需求模型及其应用场景》

12. Beck, Kent. 2003. *Test-Driven Development: By Example.* Boston: Addison-Wesley.

13. Bergman, Gustav. 2010. "A Use Case Is to a User Story as a Gazelle to a Gazebo." *Lean Magazine.* Issue #4. http://leanmagazine.net/req/a-use-case-is-to-a-user-story-as-a-gazelle-to-a-gazebo.

14. Bernstein, David. 2016. "The Single Wringable Neck." https://tobeagile.com/the-single-wringable-neck.

15. Blais, Steven P. 2012. *Business Analysis: Best Practices for Success.* Hoboken, NJ: John Wiley & Sons, Inc.

16. Booch, Grady, James Rumbaugh, and Ivar Jacobson. 1999. *The Unified Modeling Language User Guide.* Reading, MA: Addison-Wesley. 中译本《UML 用户指南》

17. Brosseau, Jim. 2010. "Software Quality attribute: Following All the Steps." https://clarrus.com/resources/articles-case-studies.

18. Business Analysis Excellence. n.d. "Your First Business Requirements Meeting: 8 Steps and example questions." https://business-analysis-excellence.com/business-requirements-meeting.

19. Capterra. n.d. "Prototyping Software." https://www.capterra.com/prototyping-software.

20. Cockburn, Alistair. 2001. *Writing Effective Use Cases.* Boston: Addison-Wesley. 中译本《编写有效用例》

21. Cohn, Mike. 2004. *User Stories Applied: For Agile Software Development.* Boston: Addison-Wesley. 中译本《敏捷软件开发：用户故事实战》

22. __. 2006. *Agile Estimating and Planning.* Boston: Addison-Wesley. 中译本《敏捷估算与规划》

23. ____. 2012. "Two Examples of Splitting Epics." https://www.mountaingoatsoftware.com/blog/two-examples-of-splitting-epics.

24. Coleman, Ben, and Dan Goodwin. 2017. *Designing UX: Prototyping.* Collingwood, VIC, Australia: SitePoint Pty. Ltd.

25. Compton, James. 2022. "How A Problem Statement Kept Me In Control Of My Analysis." https://www.modernanalyst.com/Resources/Articles/tabid/115/ID/6094/How-A-Problem-Statement-Kept-Me-In-Control-Of-My-Analysis.aspx.

26. Constantine, Larry L., and Lucy A.D. Lockwood. 1999. *Software for Use: A Practical Guide to the Models and Methods of Usage-Centered Design.* Reading, MA: Addison-Wesley.

27. Davis, Alan M. 2005. *Just Enough Requirements Management: Where Software Development Meets Marketing.* New York: Dorset House Publishing.

28. Delligatti, Lenny. 2014. *SysML Distilled: A Brief Guide to the Systems Modeling Language.* Boston: Addison-Wesley.

29. Dutta, Nayantara. 2022. "What It's Like to Be 'Mind Blind'." https://time.com/6155443/aphantasia-mind-blind.

30. Feldmann, Clarence G. 1998. *The Practical Guide to Business Process Reengineering Using IDEF0.* New York: Dorset House Publishing.

31. Fowler, Martin. 2013. "GivenWhenThen." https://martinfowler.com/bliki/GivenWhenThen.html.

32. Freund, Jakob, and Bernd Rücker. 2019. *Real-Life BPMN, 4th Ed.* 自出版

33. Gause, Donald C., and Brian Lawrence. 1999. "User-Driven Design." *Software Testing & Quality Engineering* 1(1):22–28.

34. Gilb, Tom. 2005. *Competitive Engineering: A Handbook for Systems Engineering, Requirements Engineering, and Software Engineering Using Planguage.* Oxford, England: Elsevier Butterworth-Heinemann.

35. Gilb, Tom, and Dorothy Graham. 1993. *Software Inspection.* Reading, MA: Addison-Wesley.

36. Gottesdiener, Ellen. 2002. *Requirements by Collaboration: Workshops for Defining Needs.* Boston: Addison-Wesley.

37. ____. 2005. *The Software Requirements Memory Jogger: A Pocket Guide to Help Software and Business Teams Develop and Manage Requirements.* Salem, NH: GOAL/QPC.

38. Hannah, Jaye. 2022. "What Exactly Is Wireframing? A Comprehensive Guide." https://careerfoundry.com/en/blog/ux-design/what-is-a-wireframe-guide.

39. Hendrickson, Elisabeth. 2008. "Driving Development with Tests: ATDD and TDD." https://www.stickyminds.com/sites/default/files/presentation/file/2013/08STRWR_T13.pdf.

40. Hokanson, Candase, and Carlon Halmenschlager Szymanski. 2022. "Got Credit? Using Agile and Visual Models to Roll Out a Global Credit Transformation at Dell." https://www.agilealliance.org/resources/experience-reports/got-credit-using-agile-and-visual-models-to-roll-out-a-global-credit-transformation-at-dell.

41. IIBA. 2015. *A Guide to the Business Analysis Body of Knowledge (BABOK Guide), 3rd Ed.* Toronto, ON, Canada: International Institute of Business Analysis.

42. Inflectra. 2020. "Change and Configuration Management of Requirements." https://www.inflectra.com/Ideas/Whitepaper/Change-and-Configuration-Manage-ment-of-Requirements.aspx.

43. ISO/IEC. 2019. *ISO/IEC 25030:2019(en) Systems and software engineering—Systems and software quality requirements and evaluation (SQuaRE)—Quality requirements framework.* https://www.iso.org/obp/ui/#iso:std:iso-iec:25030:ed-2:v1:en.

44. ISO/IEC/IEEE. 2018. *ISO/IEC/IEEE 29148:2018 Systems and software engineering—Life cycle processes—Requirements engineering.* https://www.iso.org/stan-dard/72089.html.

45. Kulak, Daryl, and Eamonn Guiney. 2004. *Use Cases: Requirements in Context, 2nd Ed.* Boston: Addison-Wesley.

46. Kyne, Daniel. 2022. "7 Principles For Writing Great Problem Statements." https://fullstackresearcher.substack.com/p/7-principles-for-writing-great-problem.

47. Lauesen, Soren. 2002. *Software Requirements: Styles and Techniques.* Boston: Addison-Wesley.

48. Lawrence, Richard, and Peter Green. 2022. "The Humanizing Work Guide to Splitting User Stories." https://www.humanizingwork.com/the-humanizing-work-guide-to-splitting-user-stories.

49. Leffingwell, Dean. 2011. *Agile Software Requirements: Lean Requirements Practices for Teams, Programs, and the Enterprise.* Boston: Addison-Wesley.

50. Li, Shaojun, and Suo Duo. 2014. "Safety analysis of software requirements: model and process." *Procedia Engineering* 80:153–164. https://www.researchgate.net/publication/275540201_Safety_Analysis_of_Software_Requirements_Model_and_Process/fulltext/5552a9ff08ae6fd2d81d5b77/Safety-Analysis-of-Software-Requirements-Model-and-Process.pdf.

51. Lucidchart. 2022a. "How to Draw 5 Types of Architectural Diagrams." https://www.lucidchart.com/blog/how-to-draw-architectural-diagrams.

52. ____. 2022b. "How to Perform a Stakeholder Analysis." https://www.lucidchart. com/blog/how-to-do-a-stakeholder-analysis.

53. Malak, Haissam Abdul. 2022. "What is Business Rules Engine: The Complete Guide." https://theecmconsultant.com/business-rules-engine.

54. McLeod, Saul. 2009. "Short Term Memory." https://www.simplypsychology.org/short-term-memory.html.

55. McManus, John. 2005. *Managing Stakeholders in Software Development Projects.* Oxford, England: Elsevier Butterworth-Heinemann.

56. Merriam-Webster Thesaurus. 2022. https://www.merriam-webster.com/thesaurus/elicit.

57. Miller, Roxanne E. 2009. *The Quest for Software Requirements.* Milwaukee, WI: MavenMark Books, LLC.

58. Moore, Geoffrey A. 2014. *Crossing the Chasm: Marketing and Selling Disruptive Products to Mainstream Customers, 3rd Ed.* New York: HarperBusiness.

59. Morgan, Tony. 2002. *Business Rules and Information Systems: Aligning IT with Business Goals.* Boston: Addison-Wesley.

60. Morris, Latoya. 2022. "Understanding Responsibility Assignment Matrix (RACI Matrix)." https://project-management.com/understanding-responsibilityassignment-matrix-raci-matrix.

61. Munagavalasa, Chandra. 2014. "Excite and Delight Your Customers by Using the Kano Model." https://www.agileconnection.com/article/excite-and-delight-yourcustomers-using-kano-model.

62. Nalimov, Constantine. 2021. "What is a conceptual data model? With examples!" https://www.gleek.io/blog/conceptual-data-model.html.

63. North, Dan. 2006. "Introducing BDD." https://dannorth.net/introducing-bdd.

64. Pichler, Roman. 2016. "Use Decision Rules to Make Better Product Decisions." https://www.romanpichler.com/blog/decision-rules-to-make-better-product-decisions.

65. ProductPlan. 2022. "Minimum Viable Product (MVP)." https://www.productplan.com/glossary/minimum-viable-product.

66. Robertson, Suzanne, and James Robertson. 2013. *Mastering the Requirements Process: Getting Requirements Right, 3rd Ed.* Boston: Addison-Wesley.

67. Scaled Agile. 2021a. "Nonfunctional Requirements." https://www.scaledagileframework.com/nonfunctional-requirements.

68. ____. 2021b. "Weighted Shortest Job First." https://www.scaledagileframework. com/wsjf.

69. ScienceDirect. 2022. "Physical Data Model." https://www.sciencedirect.com/topics/computer-science/physical-data-model.

70. Sharma, Lakshay. 2021. "Equivalence Partitioning—A Black Box Testing Technique." https://www.toolsqa.com/software-testing/istqb/equivalence-partitioning.

71. ____. 2022. "Boundary Value Analysis—A Black Box Testing Technique." https://www.toolsqa.com/software-testing/istqb/boundary-value-analysis.

72. Simmons, Erik. 2001. "Quantifying Quality Requirements Using Planguage." https://www.geocities.ws/g/i/gillani/SE%272%20Full%20Lectures/ASE%20-%20%20Planguage%20Quantifying%20Quality%20Requirements.pdf.

73. Simplilearn. 2022. "PMI-ACP Training: Agile Prioritization Techniques." https://www.simplilearn.com/agile-prioritization-techniques-article.

74. Smith, John. 2023. "13 BEST Requirements Management Tools & Software (2023)." https://www.guru99.com/requirement-management-tools.html.

75. Sommerville, Ian, and Pete Sawyer. 1997. *Requirements Engineering: A Good Practice Guide.* Chichester, England: John Wiley & Sons, Ltd.

76. Tableau. 2022. "Root Cause Analysis Explained: Definition, Examples, and Methods." https://www.tableau.com/learn/articles/root-cause-analysis.

77. Thayer, Richard H., and Merlin Dorfman, eds. 1997. *Software Requirements Engineering, 2nd Ed.* Los Alamitos, CA: IEEE Computer Society Press.

78. Thomas, Steven. 2008. "Agile Project Planning." https://itsadeliverything.com/agile-project-planning.

79. Tran, Vu Nguyen, Long Vu Tran, Viet Nguyen Tran, and Dao Ngoc Vu. 2022. "Hazard Analysis Methods for Software Safety Requirements Engineering." ICSIM 2022: 2022 The 5th International Conference on Software Engineering and Information Management (ICSIM), pp. 11–18. https://dl.acm.org/doi/10.1145/3520084.3520087.

80. von Halle, Barbara. 2002. *Business Rules Applied: Building Better Systems Using the Business Rules Approach.* New York: John Wiley & Sons, Inc.

81. Weilkiens, Tim. 2007. *Systems Engineering with SysML/UML: Modeling, Analysis, Design.* Burlington, MA: Morgan Kaufmann Publishers.

82. Wheatcraft, Lou. 2015. "Why Do I Need to Baseline My Requirements?" https://argondigital.com/blog/product-management/why-do-i-need-tobaseline-my-requirements.

83. Wiegers, Karl E. 2002. *Peer Reviews in Software: A Practical Guide.* Boston: Addison-Wesley.

84. ____. 2006. *More About Software Requirements: Thorny Issues and Practical Advice.* Redmond, WA: Microsoft Press.

85. ____. 2007. *Practical Project Initiation: A Handbook with Tools.* Redmond, WA: Microsoft Press.

86. Wiegers, Karl. n.d. "Why Modeling Is an Essential Business Analysis Technique." https://www.modernanalyst.com/Resources/Articles/tabid/115/ID/5438/Why-Modeling-Is-an-Essential-Business-Analysis-Technique.aspx.

87. ____. 2019. "Making Peer Reviews Work for You." https://medium.com/analysts-corner/making-peer-reviews-work-for-you-4a63533e0ab6.

88. ____. 2020a. "It's Only Logical: Decision Tables and Decision Trees." https://medium.com/analysts-corner/its-only-logical-decision-tables-and-decisiontrees-12a8b52243ea.

89. ____. 2020b. "Requirements Review Challenges." https://medium.com/analysts-corner/requirements-review-challenges-e3ffe3ad60ef.

90. ____. 2022. *Software Development Pearls: Lessons from Fifty Years of Software Experience.* Boston: Addison-Wesley.

91. Wiegers, Karl, and Joy Beatty. n.d.a. "Agile Requirements: What's the Big Deal?" https://www.modernanalyst.com/Resources/Articles/tabid/115/ID/3573/Agile-Requirements-Whats-the-Big-Deal.aspx.

92. ____. n.d.b. "Specifying Quality Requirements With Planguage." https://www.modernanalyst.com/Resources/Articles/tabid/115/articleType/ArticleView/articleId/2926/Specifying-Quality-Requirements-With-Planguage.aspx.

93. __. 2013. *Software Requirements, 3rd Ed.* Redmond, WA: Microsoft Press. 最新中译本《高质量软件需求》（第 3 版）

94. Wikipedia. 2022. "List of System Quality Attribute." https://en.wikipedia.org/wiki/List_of_system_quality_attributes.

95. Withall, Stephen. 2007. Software Requirement Patterns. Redmond, WA: Microsoft Press.